세 마리 토끼 잡는

초등 한국사

[5권] 조선 후기

NE 능률

이 책을 쓴 분들

강영주(지에밥 창작연구소 대표, 〈세 마리 토끼 잡는 독서 논술, 초등 독해〉 기획 및 집필)

김경선(작가, 〈세 마리 토끼 잡는 독서 논술, 초등 독해〉 집필)

한화주(작가, 〈세 마리 토끼 잡는 독서 논술, 초등 독해〉 집필)

한현주(작가, 〈세 마리 노끼 잡는 독서 논술, 초등 독해〉 집필)

박지영(작가, 〈세 마리 토끼 잡는 초등 독해〉 기획 및 편집)

이 책을 감수한 선생님들

김명수(용인 모현초등학교)

한희란(용인 양지초등학교)

양준호(수원 광교초등학교)

이 책을 만든 분들

박지영(기획 편집자), 이국진(기획 편집자),

최영은(기획 편집자), 강영주(기획 편집자)

세 마리 토끼 잡는 초등 한국사

5권 조선 후기

1판 5쇄 2025년 1월 15일 | **펴낸이** 주민홍

총괄 김진홍 | **기획 및 편집** 지에밥 창작연구소 | **연구원** 이자원, 박수희 | **펴낸곳** ㈜NE능률 | **디자인** 장현순 | **그림** 우지현, 유남영, 김정진, 이형진, 윤유리, 이혁, 김석류 | **영업** 한기영, 김중희, 정철교, 김남준, 이석, 이우현 | **마케팅** 박혜선, 남경진, 허유나, 이지원, 김여진 | **주소** 서울특별시 마포구 월드컵북로 396(상암동) 누리꿈스퀘어 비즈니스타워 10층 (우편번호 03925) | **전화** (02)2014-7114 | **팩스** (02)3142-0356 | **홈페이지** www.nebooks.co.kr | **ISBN** 979-11-253-3525-2

제조년월 2025년 1월 제조사명 ㈜NE능률 제조국 대한민국 사용연령 7~11세

〈세 마리 토끼 잡는 초등 한국사〉를 펴내며

하루하루 실력이 성장하는 역사의 주인공이 되세요!

아이가 자라면 가족과 친구를 벗어나 사회 문제에 관심을 갖기 시작합니다.

그러다가 어느 날 문득 뜻밖의 질문을 합니다.

"우리나라를 처음 세운 사람이 누구예요?"

"옛날에는 왜 남자도 머리를 길렀어요?"

"이순신 장군은 어떻게 배 13척으로 일본군을 무찔렀어요?"

역사에 대한 호기심이 생긴 것이지요. 그렇다면 이제 아이가 역사를 공부하기에 좋은 때가 된 것입니다. 역사를 공부한다는 것은 지금까지 경험한 세계를 뛰어넘어 시공간이 다른 사건과 인물을 만나는 일이기 때문이지요.

역사는 '과거와 현재의 대화'라고 합니다. 과거의 기록인 역사가 현재를 사는 우리에게 많은 교훈과 해법을 제공해 주기 때문입니다.

우리 민족은 세계 최초로 금속 활자를 발명했고, 한글이라는 훌륭한 문자를 가지고 있습니다. 또한, 『팔만대장경』과 『조선왕조실록』이라는 뛰어난 역사 기록물들을 소중히 보존하고 있습니다. 그러므로 이제 막 역사에 관심을 갖기 시작한 아이에게 우리 역사의 소중함을 깨닫게 하고, 역사를 제대로 이해할 수 있도록 하는 일은 무엇보다 중요합니다.

〈세 마리 토끼 잡는 초등 한국사〉는 이와 같은 점을 고려하여 기획하고 구성하였습니다.

첫째, 역사 이야기를 재미있게 읽으며 교훈을 얻게 한다.

둘째, 정확한 자료를 바탕으로 역사 지식을 키우고 실력을 확인하게 한다.

셋째, 한국사를 중심으로 세계사를 이해하며 폭넓은 역사관을 갖게 한다.

〈세 마리 토끼 잡는 초등 한국사〉는 이와 같은 기획을 완성하기 위해 최고의 기획진과 작가진들이 내용을 구성하고, 현장의 선생님들이 한 자 한 자 감수해 주셨습니다. 모쪼록 이 책으로 아이가 하루하루 실력을 쌓으며 새롭게 펼쳐질 역사의 주인공이 되기를 기대합니다.

세 마리 토끼 잡는 초등 한국사란?

어떤 책인가요?

〈세 마리 토끼 잡는 초등 한국사〉는 역사에 대한 호기심을 재미있는 역사 이야기로 풀면서 배경지식을 쌓고 다양한 문제로 실력을 키울 수 있는 책입니다.

몇 권으로 구성했나요?

〈세 마리 토끼 잡는 초등 한국사〉는 한국사를 시대별로 총 6권으로 나누어 실었습니다.

단계	1권	2권	3권	4권	5권	6권
대상 학년	전 학년	전 학년	전 학년	전 학년	전 학년	전 학년
시기	선사 시대~ 삼국 시대	삼국 통일~ 남북국 시대	고려 시대	조선 전기	조선 후기	대한 제국~ 대한민국
권수	1권	1권	1권	1권	1권	1권

세 마리 토끼란?

'한국사, 세계사, 기출 문제'를 말합니다. 한국사를 중심으로 사건을 살피고 이것을 세계사에 연결시켜 자주 출제되는 문제로 확인하는 과정에서 통합적으로 역사를 이해할 수 있습니다.

한국사
- 재미있는 이야기를 읽으며 한국사를 이해함.
- 한국사 지식을 정확한 역사 정보로 살펴보고, 핵심 문제로 확인함.

세계사
- 한국사의 주요 사건을 세계사와 연결시켜 통합적으로 이해함.
- 한국사의 흐름을 세계사의 흐름 속에서 폭넓게 이해함.

기출 문제
- 한국사를 초등 교육 과정과 연결하여 학교 공부에 도움을 줌.
- 한국사 실력을 키워 학교 시험, 한국사능력검정시험 등에 대비함.

교재의 특징

세 마리 토끼 잡는 초등 한국사는 이런 점이 다릅니다

● 한국사를 초등 교과와 긴밀하게 연결했습니다.

한국사의 흐름을 〈초등 사회 5-2, 6-1〉 교과 내용과 연결 지어 각 권을 구분하고, 주요 사건을 교과 주제에 연결하였습니다.

● 한 권 안에 통합 교과적 내용을 수록했습니다.

시대별 한국사를 정치, 경제, 사회, 문화 등 다양한 영역으로 구성하고, 왕권 위주의 역사가 아닌, 사회 흐름 변화사로 구성해서 통합 교과적 사고 능력을 키울 수 있도록 하였습니다.

● 역사적 사실을 바탕으로 역사 이야기를 구성했습니다.

이야기의 재미를 위해 불분명한 역사적 사실로 재구성하는 것을 지양하고, 주요 사건을 역사적 사실을 바탕으로 풀어 흥미롭게 구성했습니다.

● 검증된 자료로 정리하고 다양한 문제로 확인하도록 했습니다.

역사 이야기에서 다룬 내용을 출처가 명확한 역사 정보로 정리했고, 학교 시험이나 한국사능력검정시험에 도움이 되는 다양한 문제를 수록하여 실력을 쌓을 수 있도록 구성했습니다.

● 한국사와 관련된 세계사를 한눈에 볼 수 있도록 했습니다.

한국사의 주요 사건이 있었던 때의 세계사나 한국사와 비슷한 일이 있었던 세계사 등 한국사를 폭넓은 관점에서 살필 수 있도록 정리했습니다.

● 다양한 시각 자료를 수록하여 역사에 현장감을 주었습니다.

역사 이야기의 재미와 배경지식의 이해를 도울 수 있는 그림, 사진, 지도 등을 실어 읽는 이가 역사 안에 있는 것 같은 느낌을 줄 수 있도록 구성하였습니다.

세 마리 토끼 잡는 초등 한국사는 이렇게 구성되었습니다

파트 소개

파트별(주차별) 학습 내용
한 주 학습을 하기 전에 공부할 내용을 한눈에 볼 수 있도록 내용을 간단히 정리했습니다.

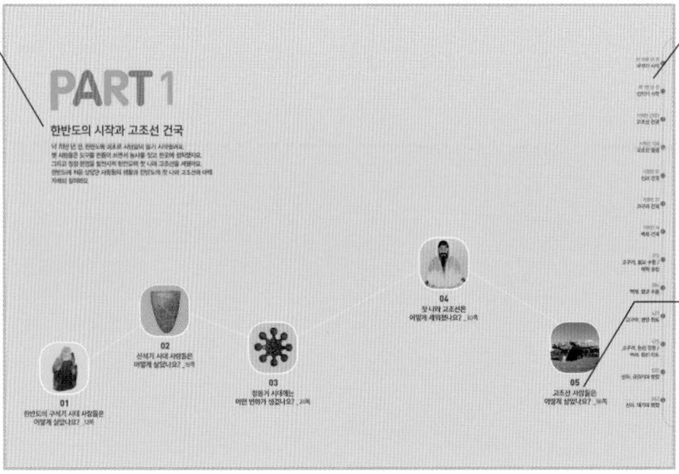

권별 연표
한 권에 수록된 시대의 주요 사건을 연도 순으로 정리했습니다.

일차 제목
하루 학습에서 알아볼 내용을 시각 자료를 통해 먼저 살펴보도록 했습니다.

이야기 속으로 1

이야기
역사적 사실을 바탕으로 한 재미있는 역사 이야기와 그림을 실었습니다.

역사 돋보기
이야기에서 중요하거나 자세히 알아볼 내용을 검증된 역사적 사실과 사진을 통해 설명했습니다.

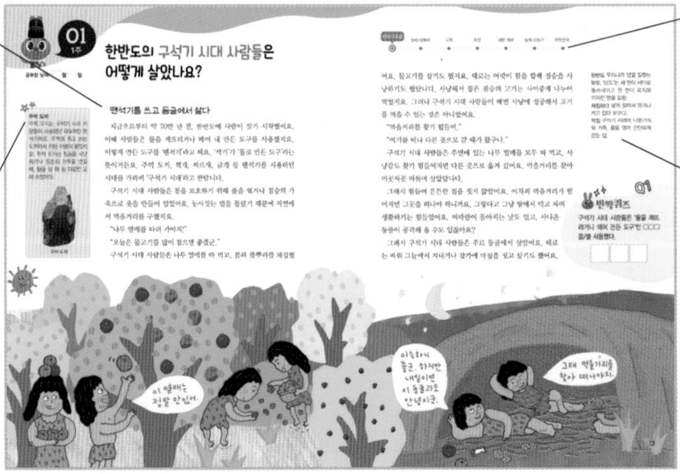

시대 연표
이야기가 일어난 시대가 언제인지 한국사 연표에서 확인할 수 있습니다.

낱말 풀이
이야기에서 역사 용어나 어려운 낱말을 그때그때 찾아보도록 자세히 풀이했습니다.

이야기 속으로 2

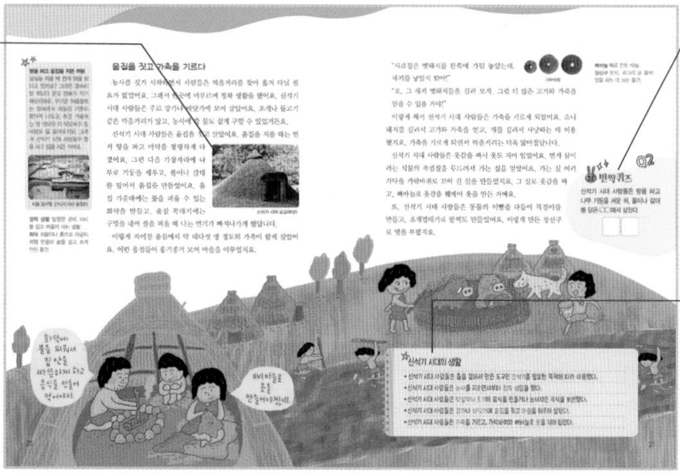

시각 자료
역사 이야기를 이해하는 데 도움이 되는 사진, 그림, 지도 등을 실었습니다.

반짝 퀴즈
이야기에서 꼭 필요한 지식과 정보를 빈칸 넣기 문제를 풀면서 살펴볼 수 있도록 구성했습니다.

핵심 개념 정리
본문에서 배운 역사 이야기의 주요 내용을 〈초등 사회〉 교과서의 내용을 토대로 정리하였습니다.

역사 쏙쏙

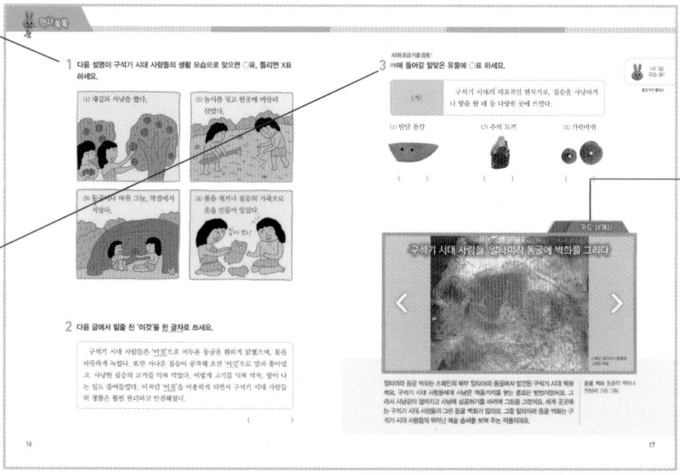

교과 문제
한국사 주요 문제나 〈초등 사회〉 교과에서 자주 출제되는 학습 문제를 실었습니다.

실력 문제
한국사능력검정시험에서 자주 출제되는 기출 문제를 응용하여 실었습니다.

카드 세계사
한국사의 주요 사건이 있었던 때에 벌어진 세계사 속 사건이나 한국사와 비슷한 일이 일어났던 세계사를 간단한 카드 형식으로 정리하였습니다.

세 마리 토끼 잡는 초등 한국사의 커리큘럼

1권 선사 시대~ 삼국 시대	1	한반도의 시작과 고조선 건국	구석기 시대의 생활/신석기 시대의 생활/청동기 시대의 생활/고조선 건국/고조선 사람들의 생활
	2	철기 문화와 고조선 이후의 여러 나라	철기 문화와 고조선의 발전/고조선의 멸망/부여와 고구려/옥저와 동예 그리고 삼한/고구려와 백제, 신라 그리고 가야의 건국
	3	삼국과 가야의 발전	백제의 성장과 발전/고구려의 성장과 발전/신라의 성장과 발전/가야의 발전과 멸망/삼국의 불교 수용
	4	삼국과 가야의 사회와 문화	삼국 시대 신분에 따른 생활 모습/백제의 문화유산과 문화의 특징/고구려의 문화유산과 문화의 특징/신라와 가야의 문화유산과 문화의 특징/삼국과 가야의 대외 교류
2권 삼국 통일~ 남북국 시대	1	고구려의 대외 항쟁과 신라의 삼국 통일	수의 고구려 침입과 살수 대첩/당의 고구려 침입과 안시성 싸움/신라·당의 동맹과 백제의 멸망/고구려의 멸망/나당 전쟁과 신라의 삼국 통일
	2	발해의 건국과 남북국 시대	통일 신라의 발전/발해의 건국/발해의 발전/장보고의 활약/신라의 신분 제도
	3	통일 신라와 발해의 사회·문화	통일 신라와 발해의 대외 교류/통일 신라의 불교/통일 신라와 발해의 생활 모습/통일 신라의 문화유산과 문화의 특징/발해의 문화유산과 문화의 특징
	4	통일 신라의 멸망과 후삼국 통일	신라 말의 사회와 호족의 등장/후삼국의 성립/고려의 건국/후백제와 고려의 전투/고려의 후삼국 통일
3권 고려 시대	1	고려의 건국과 기틀 마련	고려 건국과 후삼국 통일/태조 왕건의 정책/고려 광종·경종의 왕권 강화/신분제와 여성의 지위/고려 성종의 유교 정치
	2	고려의 문화와 사회적 변동	불교의 발전/문벌 귀족과 이자겸의 난/귀족 문화의 발전/무신 정변과 무신 정권의 성립/무신 정권기 농민과 천민의 저항
	3	외적의 침입과 고려의 대응	거란의 침입과 고려의 대응/여진족의 침입과 별무반의 설치/몽골의 침략/몽골로부터 나라를 지키기 위한 노력/원의 간섭과 공민왕의 개혁
	4	고려의 대외 관계와 기술의 발달	국제도시 벽란도와 개경/고려의 대외 관계/화약 개발과 목화 재배/인쇄술의 발달과 역사책의 편찬/불교의 발전과 생활에 미친 영향

4권 조선 전기	1	조선의 건국과 기틀 마련	이성계와 조선 건국/조선의 도읍이 된 한양/정도전과 이방원의 꿈/태종과 왕권 강화/조선의 교육 기관과 과거 제도
	2	조선의 문화와 과학의 발전	백성을 위한 정치를 펼친 세종/세종과 훈민정음 창제/세종 때 학문 연구와 국방/세종 때 과학 기술의 발전/『경국대전』의 완성과 사회 변화
	3	유교 전통과 신분 질서	조선의 유교 사상과 서원의 발달/삼강오륜과 관혼상제의 실천/조선 시대 신분 제도/조선 시대 여성의 생활/조선 시대 여가 생활
	4	임진왜란과 병자호란	조선의 대외 정책과 임진왜란/일본군의 침입과 이순신의 승리/나라를 지킨 의병과 임진왜란의 피해/광해군과 중립 외교/정묘호란과 병자호란
5권 조선 후기	1	조선 후기 새로운 사회의 움직임	조선 후기 전란 극복의 노력/붕당 정치와 탕평책 실시/정조의 개혁 정치/서학의 전래와 영향/실학의 발달과 실학자의 등장
	2	조선 후기의 사회와 문화	조선 후기 상업의 발달/조선의 생활용품과 수공업 · 광업의 발달/신분 제도와 여성 지위의 변화/민화·진경산수화·풍속화/한글 소설·사설시조·탈놀이 · 판소리
	3	세도 정치와 흥선 대원군의 개혁	조선 후기 세도 정치의 시작/세도 정치 시기 삼정의 문란/세도 정치 시기 농민의 저항/조선 후기 천주교와 동학의 전파/흥선 대원군의 개혁 정치
	4	외세의 침입과 조선 사회의 변동	서양 세력의 침략과 조선의 대응/강화도 조약 체결과 조선의 개항/개화 정책의 추진과 임오군란/갑신정변의 과정과 실패 원인/동학 농민 운동과 갑오개혁
6권 대한 제국~ 대한민국	1	대한 제국과 일제의 침략	을미사변과 아관 파천/독립 협회의 활동과 대한 제국의 선포/을사늑약과 민족의 저항/헤이그 특사와 일제의 국권 침탈/나라를 구하기 위한 항일 의병의 노력
	2	나라를 구하기 위한 노력	애국 계몽 운동/안중근 의거/일제의 무단 통치와 독립운동가들의 국외 활동/3·1 운동의 전개와 결과/나라를 되찾으려는 대한민국 임시 정부의 노력
	3	광복과 대한민국 정부 수립	일제의 문화 통치와 우리 민족의 저항/민족 말살 통치와 나라를 되찾으려는 노력/8·15 광복/한반도 분단과 대한민국 정부 수립/6·25 전쟁
	4	대한민국의 민주주의와 경제 발전	4·19 혁명과 5·16 군사 정변/5·18 민주화 운동과 6월 민주 항쟁/대한민국의 경제 성장/평화 통일을 위한 노력/대한민국의 사회 변화와 해결 과제

세 마리 토끼 잡는 초등 한국사 이렇게 공부하세요

1 매일매일 꾸준히 공부해요.

〈세 마리 토끼 잡는 초등 한국사〉는 매일 6쪽씩 꾸준히 공부하는 책이에요. 역사 이야기를 재미있게 읽으면서 역사적 사실을 이해하고, 실전 문제를 풀면서 실력을 확인할 수 있습니다. 공부가 끝나면 '○주 ○일 학습 끝!' 붙임 딱지를 붙여 보세요.

2 이야기에 나오는 내용을 교과서에서 찾아보아요.

하루 공부를 마치고 나면, 역사 이야기와 정리 내용을 교과서에서 찾아보세요. 역사 이야기를 재미있게 읽고 한국사를 정리하면 〈초등 사회〉 교과서의 내용을 저절로 이해할 수 있습니다.

3 더 알고 싶은 내용을 인터넷이나 다양한 책에서 찾아보아요.

본문에서 나온 내용을 더 알고 싶다면 역사 고전이나 역사 인물 이야기 등 관련된 읽을거리를 찾아 읽어 보세요. 한국사뿐 아니라 다양한 영역의 배경지식을 쌓을 수 있습니다.

한 주 학습표

월	화	수	목	금	토
매일 6쪽씩 학습하고, '○주 ○일 학습 끝!' 붙임 딱지 붙이기					주요 내용 복습하기

세 마리 토끼 잡는

초등 한국사

5권 조선 후기

주	일차	유형	역사 주제	
			한국사	세계사
1주	1	PART 1 조선 후기 새로운 사회의 움직임	조선 후기 전란 극복의 노력	17세기 동인도 회사의 활약
	2		붕당 정치와 탕평책 실시	영국 명예 혁명
	3		정조의 개혁 정치	산킨코타이 제도와 상업 발달
	4		서학의 전래와 영향	강희제의 서양 문물 수용
	5		실학의 발달과 실학자의 등장	유럽의 과학 혁명
2주	6	PART 2 조선 후기의 사회와 문화	조선 후기 상업의 발달	산업 혁명과 증기 기관의 등장
	7		조선 후기 생활용품과 수공업·광업의 발달	영국의 러다이트 운동
	8		신분 제도와 여성 지위의 변화	미국 독립 전쟁과 프랑스 혁명
	9		민화·진경산수화·풍속화	18세기 낭만주의의 발달
	10		한글 소설·사설시조·탈놀이·판소리	조닌 문화의 발달
3주	11	PART 3 세도 정치와 흥선 대원군의 개혁	조선 후기 세도 정치의 시작	나폴레옹의 등장
	12		세도 정치 시기 삼정의 문란	청과 영국 간의 아편 전쟁
	13		세도 정치 시기 농민의 저항	태평천국 운동
	14		조선 후기 천주교와 동학의 전파	크림 전쟁과 나이팅게일
	15		흥선 대원군의 개혁 정치	인도 세포이 항쟁
4주	16	PART 4 외세의 침입과 조선 사회의 변동	서양 세력의 침략과 조선의 대응	미국 남북 전쟁
	17		강화도 조약 체결과 조선의 개항	일본의 메이지 유신
	18		개화 정책의 추진과 임오군란	양무운동의 전개
	19		갑신정변의 과정과 실패 원인	유럽 열강의 식민지 경쟁
	20		동학 농민 운동과 갑오개혁	필리핀 독립 운동

PART 1

조선 후기 새로운 사회의 움직임

조선 후기에는 전쟁의 피해를 극복하고
새로운 조선을 만들기 위한 움직임들이 나타났어요.
영조와 정조의 개혁 정치와 실학자들의 주장을 공부하면서
조선 사회에 어떤 변화들이 나타났는지 살펴봐요.

1725
탕평책 실시

1750
균역법 실시

1796
수원 화성 건설

1800
순조 즉위

1811
홍경래의 난

1860
동학 창시

1863
고종 즉위

1866
병인양요

1871
신미양요

1876
강화도 조약

1882
임오군란

1884
갑신정변

1894
동학 농민 운동

04

서학은 조선에
어떤 영향을 주었나요? _30쪽

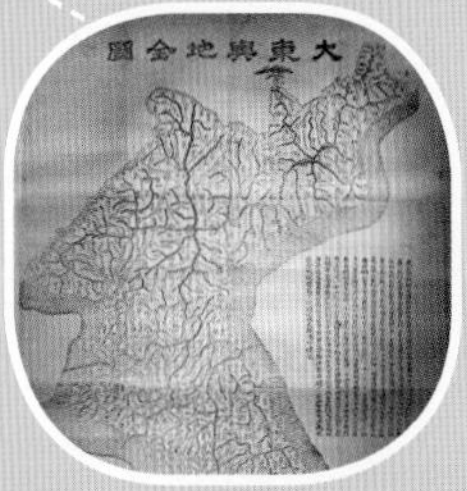

05

실학자들이 꿈꾼 사회는
어떤 모습이었나요? _36쪽

공부한 날짜: 월 일

조선은 전쟁의 피해를 어떻게 극복했나요?

직파법과 모내기법
모내기법은 조선 초기에도 있었지만 널리 퍼지지 못했어요. 왜냐하면 옮겨 심은 모가 잘 자라기 위해서는 물이 많이 필요했는데 가뭄이 오면 물을 댈 수 없어 피해가 컸기 때문이에요. 이러한 이유로 나라에서는 모내기법 대신 논에 직접 볍씨를 뿌리는 직파법을 더 권장했어요.
조선 후기 모내기법이 널리 퍼지며 조선 곳곳에는 물을 저장하기 위한 저수지가 만들어졌어요.

논 물을 대서 주로 벼를 심어 가꾸는 땅.

새로운 농사법으로 농촌을 일으키다

임진왜란과 병자호란을 겪고 땅이 황폐해지자 백성은 농사짓기가 어려웠어요. 농사를 짓지 못하니 백성은 늘 굶주림에 시달렸고 세금이 잘 걷히지 않아 나라의 살림살이 역시 가난해졌지요.

백성은 전쟁으로 무너진 농촌을 일으키기 위해 다시 힘을 내기로 했어요. 그리고 어떻게 하면 농사가 더 잘되게 할 수 있을지 고민하기 시작했지요.

"논에 뿌린 볍씨 중 싹이 트지 않은 것이 너무 많네. 어쩐다?"

"모내기를 해 보면 어떤가?"

모내기법은 벼의 씨앗인 볍씨를 모판에 미리 심어 두었다가 싹이 자라면 논에 옮겨 심는 농사법이에요. 모내기를 하면 튼튼하게 잘 자란 싹만 골라 심을 수 있어 벼가 더 잘 자라고, 잡초 역시 줄어들어 일손이 적게 들어 좋았지요. 또, 하나의 논에서 쌀과 보리를 번갈아 키우는 이모작을 할 수 있어 더 많은 농작물을 거둘 수 있었어요.

모내기법이 퍼지며 논의 수확량은 크게 늘었지만 밭의 수확량은 여전히 부족했어요. 수확량을 늘리기 위해 고민하던 백성은 밭둑을 높게 쌓고 둑과 둑 사이에 씨를 뿌리는 골뿌림법을 사용하기 시작했어요.

"오호라, 이렇게 하면 추운 겨울에도 씨앗이 끄떡없겠군."

김홍도, 「논갈이」

수확량이 늘자 백성은 장에 내다 팔기 위한 작물도 키우기 시작했어요. 이를 상품 작물이라고 해요.

여러 가지 상품 작물 중에서도 외국에서 새로 전해진 고추와 담배, 감자, 고구마 등은 장에서 인기가 많았어요. 백성 가운데에는 이러한 상품 작물을 내다 팔아 돈을 많이 벌어 부자가 된 사람도 생겨나기 시작했어요.

이모작 같은 땅에서 종류가 다른 농작물을 일 년에 두 번 심어 거두는 농사법.
밭 필요한 때만 물을 대서 야채나 곡식 등을 기르는 땅.
수확량 농작물을 거둔 양.
밭둑 밭과 밭 사이의 경계를 이루는 높다란 언덕.
골뿌림법 일정한 간격을 두고 선을 따라 밭의 높낮이를 다르게 간 후 아래로 움푹 들어간 부분에 씨를 뿌리는 방법.

Q1 반짝퀴즈

조선 후기에는 □□□□와/과 같은 농사법이 널리 퍼지며 논의 수확량이 늘었다.

□□□□

세금을 대신 내주는 방납
조선 시대에 각 지역의 특산물을 세금으로 내던 것을 공납이라고 해요. 나라에서 공납을 걷기 위해서는 각 지역의 특산물이 무엇인지 잘 알고 있어야 했어요.
그러나 전쟁 후 나라가 어지러워지자 이를 파악하는 것이 어려워졌어요. 이로 인해 자신의 지역에서 나지 않는 특산물을 내야 하는 경우도 생겨났지요. 특산물을 구하러 백성이 다른 지역을 다녀와야 하는 일까지 생겨나자 돈을 받고 이를 대신해 주는 사람이 생겨났어요. 이들을 방납업자라고 해요.

양반 조선 시대에 지배층을 이루던 신분.

대동법과 균역법으로 백성의 어려움을 덜어 주다

조선 시대 백성은 나라에 여러 가지 세금을 내야 했어요. 그중 가장 부담스러운 것은 각 고장에서 나는 특별한 물건이나 생산물인 특산물을 바치는 세금이었어요.

나라에 바치는 특산물은 고장마다 그 종류와 양이 정해져 있었는데, 자기 고장에서 나는 것을 바치는 것이 원칙이었어요. 전쟁이 끝나고 생활이 어려워진 백성이 이를 바치기 힘들어하자 특산물을 대신 내주는 사람이 등장했어요. 이들은 특산물을 내주는 대신 많은 돈을 요구했기 때문에 백성의 삶은 더욱 힘들어졌어요.

나라에서는 이러한 문제점을 해결하기 위해 대동법을 만들었어요. 대동법은 특산물 대신 쌀이나 옷감 등으로 세금을 내도록 하는 제도였어요. 집집이 가진 땅을 기준으로 세금을 매겼기 때문에 땅이 없거나 적은 백성에게 환영받았어요. 반면 땅이 많은 양반들은 더 많은 세금을 내야 했기 때문에 대동법에 반대했지요. 이로 인해 광해군 때 처음 만들어진 대동법은 양반들의 반대로 제대로 시행되지 못하다가 100년이 지난 숙종 때에 이르러서야 전국에 실시되었어요.

한편 조선 시대에 노비를 제외한 16세 이상 60세 이하의 남자들은 군대에 가서 군인으로서의 의무를 져야 했는데, 이를 군역이라고 해요. 그러나 농사일이 바쁜 시기에 백성이 군대에 가기는 어려웠어요. 이에 나라에서는 군대에 가는 대신 군포를 내도록 해 주었지요.

조선 시대 남자는 1년에 옷감 두 필을 세금으로 내야 했어요. 하지만 전쟁으로 많은 남자들이 죽고, 나라에서 양반에게는 군역을 면제시켜 주자 점점 군포를 낼 사람이 없어지게 되었어요. 결국 지방 관리들은 부족해진 세금을 메우기 위해 백성을 괴롭히기 시작했어요. 어린아이와 도망간 이웃의 군포도 모자라 죽은 사람의 군포까지 내게 한 거예요.

"옷감 한 필 짜기도 버거운데, 이 많은 걸 언제 다 하나."

영조는 백성의 이러한 어려움을 듣고 나서 명령을 내렸어요.

"1년에 두 필씩 내던 군포를 한 필로 줄이도록 하라!"

영조가 실시한 이 법의 이름을 '균역법'이라고 해요.

의무 사람으로서 마땅히 해야 할 일.
군포 군대에 가는 대신 나라에서 받아들이던 옷감.
필 일정한 길이로 말아 놓은 천을 세는 단위.
면제시키다 책임, 의무 등을 지지 않아도 되게 해 주다.

Q2 반짝퀴즈

□□□은/는 고장의 특산물 대신 쌀, 옷감 등으로 세금을 내게 하는 조선 시대의 법이다.

조선 후기 전란 극복의 노력

- 조선 후기에 모내기법과 골뿌림법의 실시로 농작물 수확량이 크게 늘었다.
- 고추, 담배, 감자, 고구마 등 상품 작물을 키우고 팔아 부자가 된 사람도 있었다.
- 특산물 대신 쌀이나 옷감 등을 세금으로 내는 대동법의 실시로 백성의 부담이 줄었다.
- 균역법의 실시로 백성은 1년에 두 필씩 내던 군포를 한 필만 내게 되었다.

1 다음 그림과 같이 모판에서 자란 싹을 논에 옮겨 심는 농사법은 무엇입니까? (　　　　)

김홍도, 「누숙경직도」

① 직파법
② 이모작
③ 골뿌림법
④ 모내기법
⑤ 상품 작물 재배

2 다음 밑줄 친 법에 대해 알맞게 말한 친구에 ○표 하세요.

(1) 백성이 내야 할 군포를 두 필에서 한 필로 줄여 주었어.

(2) 특산물 대신 쌀이나 옷감 등으로 세금을 내게 했어.

(3) 양반의 권리를 보호하기 위해 만든 법이야.

(　　　) (　　　) (　　　)

45회 기출 응용

3 다음 (가)에 들어갈 제도로 알맞은 것은 무엇입니까? (　　　　　)

1주 1일 학습 끝!

붙임 딱지 붙여요.

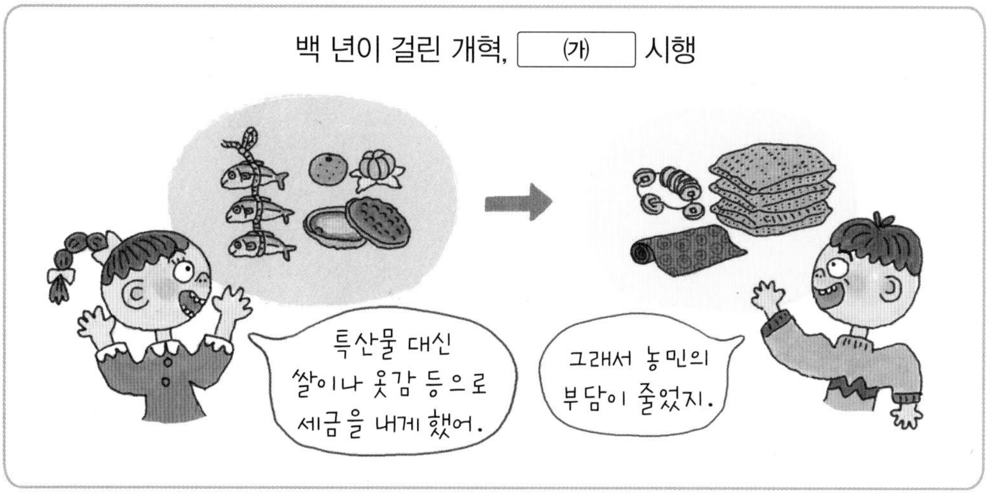

① 영정법　　② 호패법　　③ 균역법　　④ 대동법　　⑤ 과거 제도

카드 세계사

조선이 전쟁의 피해를 극복하기 위해 노력할 무렵, 유럽에서는 각국이 동인도 회사를 세워 인도와 동남아시아에 진출했어요. 가장 먼저 동인도 회사를 설립한 나라는 영국이었어요. 뒤이어 네덜란드, 프랑스 등도 곳곳에 동인도 회사를 세워 여러 가지 이득을 취했지요. 17세기 가장 큰 회사 중 하나였던 네덜란드 동인도 회사는 후추 등을 사고파는 향료 무역으로 큰돈을 벌었답니다.

향료 무역 옛날에 동양과 서양을 이어 주는 구실을 하던 향신료 무역. 인도를 중심으로 한 남쪽 바닷길을 따라 이루어졌음.

02 1주

영조는 왜 탕평비를 세웠나요?

공부한 날짜: 월 일

동인과 서인
임진왜란 무렵 서로 다른 정치적 생각에 따라 관리들이 두 편으로 나뉘었어요. 이 중 김효원을 따르는 사람들을 동인, 심의겸을 따르는 사람들을 서인이라고 불렀어요. 당시 김효원은 경복궁을 기준으로 동쪽에, 심의겸은 서쪽에 살았기 때문에 이들을 동인과 서인이라고 불렀어요.

슬하 무릎의 아래, 즉 어버이나 조부모의 보살핌 아래.
붕당 학문이나 정치적으로 생각을 같이하는 사람들의 집단.
사림 조선 중기 성리학을 바탕으로 정치를 주도한 지배층.
독차지하다 혼자서 차지하다.

붕당이 정치를 이끌다

슬하에 자식이 없던 경종이 일찍 죽자 동생인 영조가 왕이 되었어요. 영조가 왕이 될 당시 신하들은 붕당이라는 무리를 지어 서로 다투는 일이 많았어요.

"소론의 말은 들을 것도 없소이다."

"어허, 이렇게 답답할 데가! 노론이 틀렸소이다."

붕당은 사림이라는 하나의 무리에서 출발한 집단이에요. 나라에 중요한 일이 있을 때마다 같은 생각을 가진 사람들끼리 뭉쳐 서로 대립했어요. 임진왜란 이후 사림이 동인과 서인으로 갈라지게 되었는데 이를 붕당이라고 해요. 이후 동인 중에서도 생각이 다른 사람들이 남인과 북인으로 나뉘었고, 서인 역시 노론과 소론으로 나뉘게 되었지요.

처음에 붕당은 서로 다른 의견을 자유롭게 주고받으며 조선의 발전에 큰 도움을 주었어요. 또한 하나의 붕당이 권력을 독차지하지 못하도록 상대방의 붕당을 억누르는 역할을 하기도 했지요.

그런데 시간이 지나면서 붕당 간에 서로 더 큰 권력을 차지하기 위해 싸우는 일이 많아졌어요. 이로 인해 나라는 혼란스러워지기 시작했지요. 이들은 자신의 붕당이 권력을 차지할 때마다 상대방 붕당의 사람들을 귀양 보내고 죽이는 일도 서슴지 않았어요. 또한 관리들이 백성이 아니라 붕당의 이익을 위해서만 정치를 하다 보니 그 피해는 고스란히 백성에게 돌아갔어요.

이 모습을 지켜보던 영조는 깊은 고민에 빠졌어요. 영조는 어렸을 때부터 신하들이 권력을 차지하려고 다투는 모습을 많이 봐 왔어요. 그리고 그 가운데 목숨을 잃을 뻔한 고비를 여러 번 넘겼지요. 영조는 권력 다툼이 얼마나 안 좋은 일인지 잘 알고 있었어요.

'흐음, 붕당 간의 지나친 다툼으로 나라가 혼란스럽구나. 이를 어쩐다?'

귀양 죄인을 먼 곳으로 보내어 일정한 기간 동안 제한된 곳에서만 살게 하던 형벌.
서슴지 않다 머뭇거림이나 망설임 없이 말과 행동을 하다.

Q1 반짝퀴즈

임진왜란 이후 □□이/가 동인과 서인으로 갈라지며 붕당이 시작되었다.

뒤주에 갇혀 죽은 사도 세자

사도 세자는 영조의 아들이자 정조의 아버지예요. 사도 세자를 싫어하던 노론은 세자가 스스로 왕이 되려고 한다며 사도 세자와 영조 사이를 갈라놓았어요. 화가 난 영조는 사도 세자에게 스스로 목숨을 끊으라고 했지만 사도 세자는 억울하다며 명을 따르지 않았지요. 화가 난 영조는 사도 세자를 뒤주(곡식을 담아 두는 살림살이)에 가두었고, 사도 세자는 무더위와 굶주림으로 뒤주 속에서 죽었어요.

뒤주

인재 어떤 일을 할 수 있는 능력이 뛰어난 사람.
시비 옳음과 그름.
영의정 조선 시대 의정부의 최고 벼슬.
좌의정 영의정 아래에 있던 벼슬. 관리들을 관리하고 외교를 담당함.

영조, 탕평책을 펴다

'관리들이 모두 권력을 차지하는 데만 힘을 쓰니 백성을 위한 정치를 할 시간이 없지. 신하들끼리의 다툼을 멈추게 해야 해.'

붕당 간의 다툼을 멈추게 할 방법을 생각하던 영조는 어느 날, 신하들을 불러 모았어요. 그리고 붕당과 상관없이 나랏일을 할 인재를 골고루 뽑아 정치를 하는 탕평책을 실시하겠다고 발표했지요. '탕평'은 '탕탕평평'이라고도 하는데, 싸움, 시비, 논쟁을 떠나 어느 쪽에도 치우침이 없이 공평하다는 뜻이에요.

탕평책에는 어느 한 붕당에 치우치지 않고 골고루 인재를 뽑아 나라를 발전시키고자 하는 영조의 강한 의지가 담겨 있어요. 예를 들어 노론의 사람이 영의정이 되면 좌의정에는 소론의 사람을 뽑겠다는 것이에요.

영조는 탕평책에 따라 붕당과 관계없이 인재를 뽑았고 탕평책을 널리 알리기 위해 탕평비를 세웠지요. 탕평책의 실시로 붕당 간의 다툼은 줄어들었고, 왕의 힘 역시 이전보다 강해졌어요.

영조의 뒤를 이은 정조 역시 할아버지인 영조의 뜻을 이어받아 더 발전된 탕평책을 펼쳤어요. 정조는 인재를 골고루 뽑았을 뿐 아니라, 능력이 있다면 서얼도 벼슬을 할 수 있게 하였지요. 이전까지 서얼은 아무리 능력이 뛰어나도 벼슬을 할 수 없었어요.

영조와 정조가 탕평책을 성공적으로 이끌면서 조선 후기의 정치는 점차 안정을 찾았고, 백성의 생활 역시 크게 안정되었답니다.

서얼 양반과 평민 또는 천민 여자 사이에 낳은 아들.

Q2 반짝퀴즈

영조는 붕당 간의 다툼을 막고 정치를 안정시키고자 □□□을/를 실시했다.

탕평비

붕당 정치와 탕평책 실시

- 사림에서 출발한 붕당은 처음에 다양한 의견으로 나라를 다스리는 데 도움을 주었다.
- 시간이 지나 붕당끼리 권력을 차지하려고 자주 다투면서 정치가 혼란스러웠다.
- 영조는 어느 한 붕당에 치우치지 않고 골고루 인재를 뽑아 관리로 삼겠다는 탕평책을 폈다.
- 영조는 탕평책을 통해 붕당 간의 다툼을 줄이고자 했다.
- 정조가 탕평책을 이어받았으며, 정치를 안정시켜 백성의 생활도 안정되었다.

1 다음 빈칸에 공통으로 들어갈 낱말을 보기에서 골라 쓰세요.

조선의 □□ 정치

처음		나중
• 임진왜란 때부터 □□을 이루어 정치를 이끌어 나감. • 처음에는 □□ 간의 다양한 의견이 나라를 다스리는 데 도움을 줌.	➡	• □□끼리 서로 더 큰 권력을 갖기 위한 다툼이 많아짐. • □□ 간의 다툼으로 정치가 혼란스러워짐.

보기 동인 노론 붕당 탕평

(　　　　　　)

2 다음은 영조가 세운 비석과 그 속에 담긴 글입니다. 이와 관련된 정책은 무엇입니까? (　　　　)

두루 사귀면서 편을 가르지 않는 것이 군자의 공정한 마음이요,
편을 가르고 두루 사귀지 않는 것은 소인의 사사로운 마음이다.

① 대동법 ② 탕평책 ③ 균역법
④ 북진 정책 ⑤ 수원 화성 건설

42회 기출 응용

3 다음 중 영조의 업적으로 알맞은 것은 무엇입니까? (   )

1주 2일
학습 끝!

붙임 딱지 붙여요.

영조

① 조선을 건국하였다.
② 훈민정음을 창제하였다.
③ 조선의 법률 책을 만들었다.
④ 임진왜란에서 큰 공을 세웠다.
⑤ 붕당에 관계없이 인재를 뽑아 정치를 안정시켰다.

카드 세계사

영국, 명예혁명으로 입헌 군주제를 확립하다

조선이 붕당의 다툼으로 혼란스러울 무렵 영국은 왕과 의회가 갈등을 벌였어요. 영국 왕 제임스 2세는 의회의 간섭 없이 마음대로 나라를 다스리려 했어요. 나라를 걱정한 영국 의회는 그의 딸 메리와 남편 윌리엄에게 왕위를 맡아 달라고 요구했어요. 그 결과 윌리엄과 메리가 왕위를 물려받았고, 영국 의회는 권리 장전을 통해 왕으로부터 의회의 권리를 보장받았지요. 이를 '명예혁명'이라고 해요.

권리 장전 '장전'은 '章(글 장)'과 '典(법 전)'이 합쳐진 말로, 규칙을 적은 글을 뜻함. '권리 장전'은 의회의 권리를 지키는 데 필요한 규칙을 적은 글임.

03 1주

정조는 어떤 개혁 정치를 폈나요?

공부한 날짜: 월 일

정조를 감동시킨 김만덕
김만덕은 정조 때 제주에 살던 상인이에요. 당시 제주에 큰 흉년이 들어 많은 백성이 굶어 죽을 위기에 처했어요. 장사로 큰돈을 번 김만덕은 자신의 재산으로 곡식을 사서 많은 백성을 구했어요. 이 이야기를 듣고 큰 감동을 받은 정조는 『만덕전』이라는 글을 써서 귀감(본받을 만한 모범)으로 삼고자 했어요.

집현전 조선 세종 때 궁중에 있었던 학문 연구 기관.
초계문신 조선 후기 규장각에 특별히 마련된 교육 및 연구 과정을 밟던 문신들.
검서관 조선 후기 규장각에 속하여 책에 대한 일을 맡아 하던 관리.

규장각과 장용영에서 인재를 키우다

정조는 어려서부터 총명하고 책 읽기를 좋아했어요. 학문이 깊었던 정조는 세종처럼 백성을 위하는 훌륭한 왕이 되고 싶었지요.

"세종 대왕께서는 집현전에서 학자들을 키우셨지. 나도 규장각에서 나의 뜻을 따르고 실천할 조선의 인재를 길러 낼 것이다."

정조는 창덕궁 뒤편 정원에 왕실 도서관인 규장각을 세웠어요. 그리고 젊고 능력 있는 신하들을 뽑아 이곳에서 나랏일을 의논하고 학문을 연구하게 했지요. 이들을 '초계문신'이라고 해요.

또, 서얼 출신이라도 능력이 뛰어난 사람이라면 '검서관'으로 뽑아 규장각에서 공부하게 했어요. 훗날 실학자로 이름을 떨친 이덕무, 박제가, 유득공 역시 서얼이지만 능력을 인정받아 검서관이 된 사람들이에요. 이렇게 규장각에서 길러 낸 초계문신과 검서관들은 정조가 새로운 정치를 펼치는 데 큰 도움을 주었지요.

어느 날 정조는 규장각의 검서관들을 불렀어요.

"군사들이 훈련할 때 볼 수 있는 실용적인 무예서가 필요하오. 누구나 쉽게 읽을 수 있도록 만들어 주시오."

『무예도보통지(격구보8)』

이렇게 해서 만들어진 책이 바로 『무예도보통지』예요. 조선은 물론 주변 나라의 전투 동작을 하나하나 글과 그림으로 다룬 『무예도보통지』는 처음에 한자로 만들어진 후 한글로도 만들어졌지요. 『무예도보통지』를 통해 군사들은 쉽게 무예를 익혔고 일반 백성도 무과에 응시할 수 있었어요.

한편 정조는 왕이 강한 힘을 가지려면 군대가 필요하다고 생각했어요. 그래서 무예가 뛰어난 사람들을 뽑아 왕을 지키기 위한 부대인 '장용영'을 만들었지요. 그 결과 정조는 강력한 왕권을 가질 수 있었어요.

실용적이다 실제 쓰임에 맞다.
무예서 무술에 관한 기술을 적은 책.
무과 고려·조선 시대에, 군사 일을 하던 관리인 무관을 뽑던 과거.
왕권 임금의 권력 또는 권리.

Q1 반짝퀴즈

□□은/는 규장각을 세워 능력 있는 신하들과 나랏일을 의논하고 학문을 연구하게 하였다.

거중기와 녹로

정약용이 발명한 거중기와 녹로는 수원 화성을 짓는 데 큰 역할을 했어요.
도르래를 이용한 거중기는 작은 힘으로도 무거운 돌을 들어 올릴 수 있었어요. 녹로 역시 도르래를 이용한 기구로, 무거운 물건을 높은 곳으로 옮기는 장치였어요.
정약용은 이 기구들을 『화성성역의궤』에 자세히 기록해 두었어요.

거중기(복원)

수령 고려 · 조선 시대에, 각 고을을 맡아 다스리던 지방관들을 통틀어 이르는 말.
능 왕이나 왕비의 무덤.

계획도시인 '수원 화성'을 건설하다

왕을 태운 행렬이 수원 화성으로 향하는 길이었어요. 갑자기 어디선가 요란한 꽹과리 소리가 들려왔어요. 정조는 행렬을 멈추고 꽹과리를 울린 사람을 불렀어요.

"무슨 이유로 꽹과리를 울렸느냐?"

"고을 수령이 제 소를 강제로 빼앗아 갔습니다. 억울한 마음에 꽹과리를 울렸습니다."

정조는 고을 수령을 불러 엄하게 꾸짖고는 꽹과리를 울린 사람에게 소를 돌려주게 했어요.

정조는 백성의 고통을 이해하고 함께 나누는 왕이 되고 싶었어요. 그래서 수원 화성이나 능에 행차할 때마다 가난한 백성이 꽹과리를 울려 왕에게 직접 억울한 사연을 말할 기회를 주었지요.

백성이 중심이 되는 나라를 꿈꾸던 정조는 자신의 꿈을 담은 도시를 만들기로 결심했어요. 그리고 정약용을 불러 명을 내렸지요.

"왕과 신하, 백성이 어우러져 살아갈 성을 설계하시오."

몇 년 후, 정조의 명에 따라 '수원 화성'이 건설되었어요. 정약용이 설계하고 채제공이 감독한 가운데 지어진 수원 화성은 계획도시였어요. 도시 중심에는 궁궐을 짓고 앞에는 시장을 만들었어요. 도시 둘레에는 튼튼한 성곽과 함께 성을 지키는 시설들을 곳곳에 두어 적이 함부로 쳐들어오지 못하게 했지요.

수원 화성을 짓는 데에는 거중기와 녹로, 유형거 같은 조선의 최신 과학 기술이 모두 이용되었어요. 그 결과 예상보다 훨씬 빠른 2년 반 만에 수원 화성을 완공하였지요.

정조는 수원 화성을 중심으로 새로운 정치를 펼치려고 했어요. 그러나 안타깝게도 수원 화성이 다 지어지고 얼마 지나지 않아 세상을 떠나게 되어 꿈을 이루지 못했답니다.

오늘날 수원 화성은 그 과학적 가치와 예술성을 인정받아 유네스코 세계 문화유산으로 등재되었어요.

행차하다 웃어른이 차리고 나서서 길을 가다.
성곽 적을 막기 위해 흙이나 돌로 높이 쌓아 만든 담.
유형거 정약용이 수원 화성을 지을 때 사용한 수레.
완공하다 공사를 완성하다.
가치 사물의 쓸모.
등재되다 대장에 내용을 올려 지다.

Q2 반짝퀴즈

계획도시인 □□ □□을/를 지을 때 거중기, 녹로 등이 이용되었다.

□ □ □ □

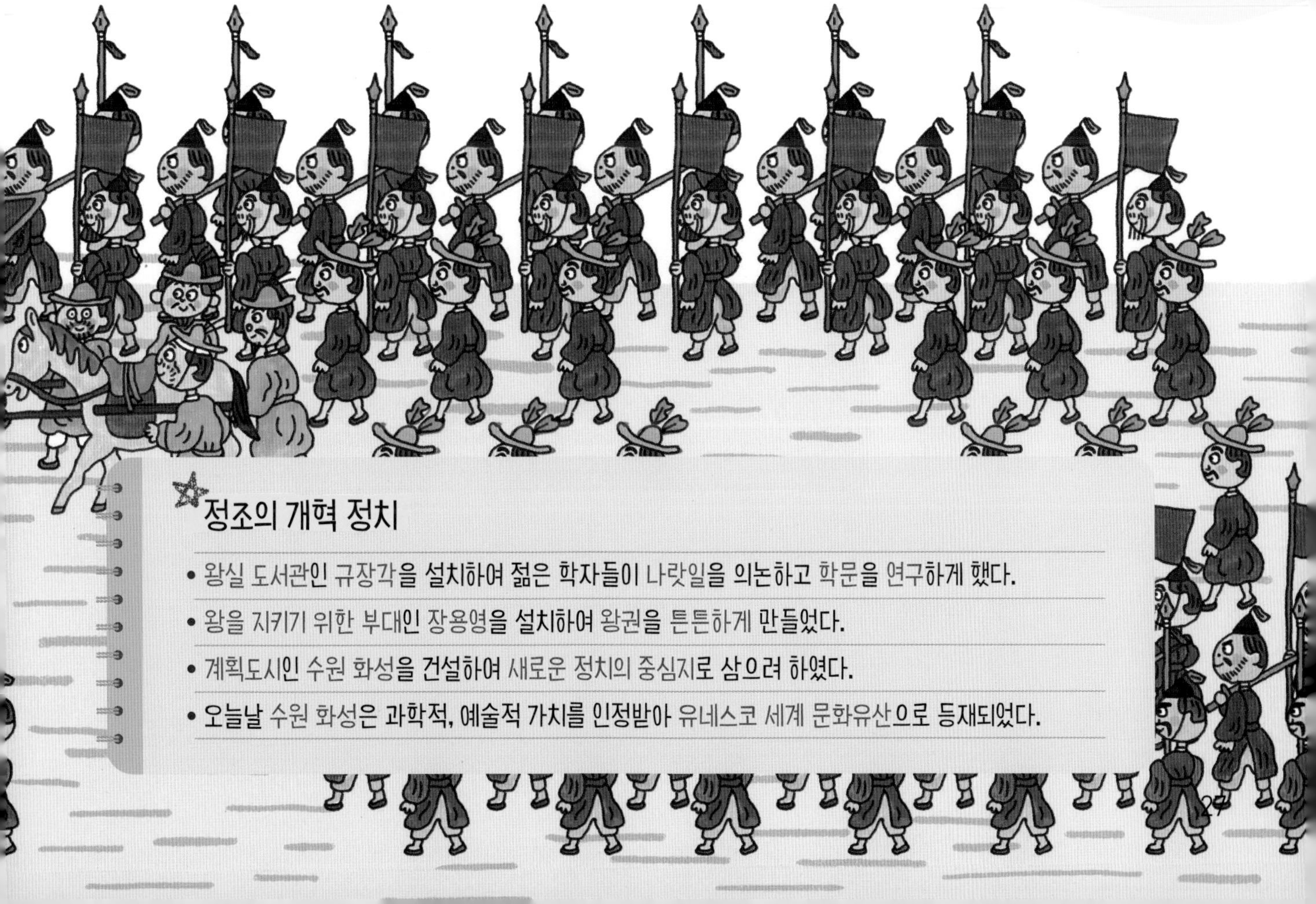

정조의 개혁 정치

- 왕실 도서관인 규장각을 설치하여 젊은 학자들이 나랏일을 의논하고 학문을 연구하게 했다.
- 왕을 지키기 위한 부대인 장용영을 설치하여 왕권을 튼튼하게 만들었다.
- 계획도시인 수원 화성을 건설하여 새로운 정치의 중심지로 삼으려 하였다.
- 오늘날 수원 화성은 과학적, 예술적 가치를 인정받아 유네스코 세계 문화유산으로 등재되었다.

1 **정조가 다음 사진 속 규장각을 세운 까닭은 무엇입니까? (　　　　　)**

규장각

① 왕을 지킬 군대를 만들기 위해서
② 백성의 억울함을 풀어 주기 위해서
③ 흉년에 백성에게 쌀을 빌려주기 위해서
④ 백성으로부터 더 많은 세금을 거두기 위해서
⑤ 능력 있는 인재를 뽑아서 학문을 연구하게 하기 위해서

2 **다음 중 수원 화성에 대한 설명으로 알맞은 것에 모두 ○표 하세요.**

수원 화성(팔달문)

(1) 군사를 훈련시키기 위해 지은 곳이다. (　　)
(2) 조선의 새로운 과학 기술을 사용해서 지었다. (　　)
(3) 『무예도보통지』에 이와 관련된 기록이 남아 있다. (　　)
(4) 가치를 인정받아 유네스코 세계 문화유산으로 등재됐다. (　　)

43회 기출 응용

3 **다음 보기 에서 ㈎에 들어갈 건물의 이름을 골라 쓰세요.**

보기 집현전 규장각 장용영 서원

( )

1주 3일
학습 끝!

붙임 딱지 붙여요.

카드 세계사

일본, 볼모 제도로 상업이 발달하다

정조가 왕권을 강하게 했던 것처럼 에도 막부 시대에 일본 쇼군은 '산킨코타이'라는 제도로 권력을 튼튼하게 만들었어요. 당시 에도 막부는 땅을 여러 개로 쪼갠 '번'에 충성도에 따라 영주를 임명했어요. 그리고 영주의 가족들을 볼모로 삼아 에도에 살게 했지요. 영주가 가족을 만나러 에도를 오가는 길에는 숙소와 음식점이 생겨났고 이를 통해 상업이 발달하게 되었어요.

막부 무사가 다스린 정치 권력.
쇼군 최고 우두머리.
볼모 약속을 지킬 것을 담보로 잡아 두는 사람이나 물건.

04 1주

서학은 조선에 어떤 영향을 주었나요?

공부한 날짜: 월 일

벨테브레이와 하멜

네덜란드 사람 벨테브레이는 일본으로 가던 중 큰바람을 만나 제주도에 도착했어요. 그는 이름을 '박연'으로 바꾸고 조선 여자와 결혼해서 조선에 머물러 살았어요.
벨테브레이가 조선에 온 지 26년 뒤, 하멜이 태풍을 만나 조선에 오게 되었어요. 조선에서 13년 동안 살다가 네덜란드로 돌아간 하멜은 조선에서의 일을 기록한 『하멜 표류기』를 남겼지요.

사신 임금이나 국가의 명령을 받고 외국에 나라를 대표해 가는 신하.
선교사 외국에 보내져 기독교를 알리는 데 힘쓰는 사람.
문물 정치, 경제, 종교, 예술, 법률 등 문화에 대한 모든 것.

조선에 서학이 전해지다

조선 후기에는 일 년에 한 차례씩 중국에 사신을 보냈어요. 당시 중국에는 서양 선교사들이 많았어요. 이들은 다양한 서양 문물을 소개했고 이는 중국에서 큰 인기를 얻었지요. 중국에 사신으로 갔던 조선의 관리들도 이러한 모습을 보고 신기해하며 중국에서 유행하던 서양 문물을 조선에 가져왔어요. 당시 전해진 서양 문물로는 천리경, 자명종, 안경, 유리 거울 등이 있었어요.

"이야, 멀리 있는 물건이 코앞에서 보이네."

"어라? 이건 자동으로 시간을 알려 주잖아? 그것참, 신기하네."

처음 서양 문물을 본 조선 사람들은 이를 서쪽 오랑캐의 물건이라고 하여 신기해했어요. 천리경, 자명종은 주로 양반 사이에서 유행했지만 안경과 유리 거울 등은 신분에 관계없이 널리 퍼졌지요.

당시 전해진 서양 문물 중에 「곤여만국전도」라는 지도가 있었어요. 처음 지도를 본 조선 사람들은 깜짝 놀랐어요.

"지도가 둥근 모양이네."

"아니, 중국이 세계의 중심이 아니잖아!"

"세상에 이렇게 많은 나라들이 있다니 놀랍군."

이전까지 조선 사람들은 세상의 중심이 중국이라고 굳게 믿고 있었어요. 그러나 세계를 원으로 나타낸 「곤여만국전도」에서는 관점에 따라 어떤 나라든 세계의 중심이 될 수 있었어요. 또, 지도에 담긴 수많은 나라의 모습은 조선 사람들에게 중국과 우리나라뿐만 아니라 더 넓은 세상이 있음을 알려 주었지요.

또, 당시 전해진 서양 문물 중에는 『천주실의』라는 책도 있었어요. 『천주실의』는 동양에 천주교를 널리 퍼뜨리기 위해 지어진 책이었어요. 유교를 바탕으로 천주교 교리를 이해하게 하는 데 중점을 두고 있었지요. 학자들은 이 책을 통해 서양 문물을 이해하고 천주교를 공부했어요. 이렇게 조선 후기 서양에서 들어온 천주교와 여러 가지 서양 문물을 통틀어 '서학'이라고 해요.

천리경 멀리 있는 물체를 크고 정확하게 볼 수 있도록 만든 장치. 오늘날의 망원경.
자명종 인조 9년 정두원이 명에 사신으로 갔다가 가져온 시계. 12시간마다 저절로 종이 울리게 되어 있음.
천주실의 마테오 리치가 중국에 들어가서 쓴 천주교에 대한 종교적 내용을 담은 책.

Q1 **반짝퀴즈**

조선 후기 서양에서 들어온 천주교와 여러 가지 서양 문물을 통틀어 □□(이)라고 한다.

「곤여만국전도」

홍대용이 만든 혼천의

혼천의는 세종 때부터 사용한 천문 관측기구였어요. 홍대용은 여러 사람의 도움을 받아 직접 혼천의를 만들어 별과 우주를 관찰했어요.

홍대용은 자명종도 만들었는데, 스스로 과학 기구를 만들면서 과학에 대한 남다른 지식을 가지게 되었다고 해요.

홍대용이 만든 혼천의

천문학 우주와 하늘에 대하여 연구하는 학문.

천문대 우주와 하늘을 관찰하기 위해 만든 시설이나 기관.

이치 사물이 이루어진 순서나 원리 등의 체계.

홍대용과 박지원, 청을 견학하다

서학을 접한 조선의 학자들은 큰 충격을 받았어요. 일부 학자들은 당시 조선보다 문물이 발달한 청에 가서 여러 가지 서양 문물과 학문을 배우고자 했지요.

어렸을 때부터 천문학과 수학에 관심이 많았던 홍대용은 집 안에 작은 천문대를 두고 하늘의 별과 우주를 관찰하기를 좋아했어요. 그러나 이것만으로는 하늘과 우주의 이치에 대한 호기심이 풀리지 않았던 홍대용은 마침내 청에 가기로 결심했어요.

"청나라에 가면 서양에서 온 훌륭한 학자들을 만날 수 있겠지? 궁금한 것을 직접 물어봐야겠어."

홍대용은 청의 수도인 북경에 머무르면서 서양의 선교사와 청의 선비들을 사귀었어요. 그리고 그들과의 대화를 통해 세상을 보는 눈을 키울 수 있었지요. 조선에 돌아온 홍대용은 지구는 둥글며 스스로 돌고 있다고 주장했어요. 당시 조선 사람들은 하늘은 둥글고 땅은 네모지며 그 땅의 중심에 중국이 있다고 믿고 있었어요. 그런데 홍대용의 주장에 따르면 둥근 지구의 중심은 어느 나라나 될 수 있었기 때문에 이는 엄청난 충격이었지요.

홍대용의 절친한 벗이었던 박지원 역시 청에 사신으로 가게 되었어요. 서양 문물을 받아들여 발전하고 있는 청의 모습을 본 박지원은 놀랄 수밖에 없었어요.

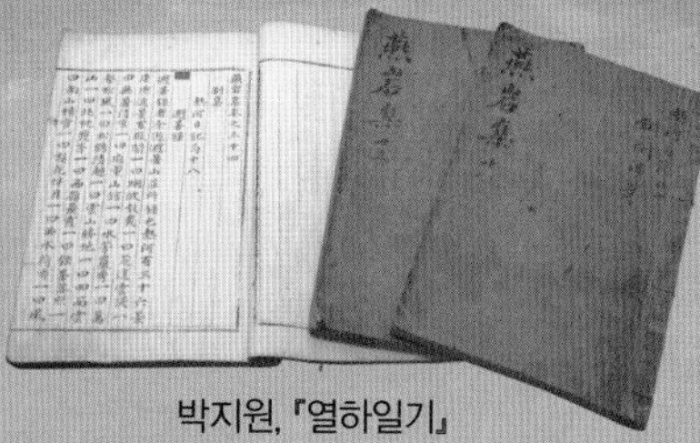

박지원, 『열하일기』

우물 안 개구리 세상의 형편을 알지 못하는 사람.

'조선은 그동안 우물 안 개구리였구나. 우리도 청나라의 좋은 점을 적극적으로 받아들여야 해.'

청에 머무는 동안 매일 보고 느낀 것을 일기로 적었던 박지원은 조선에 돌아와서 이것들을 엮어 『열하일기』라는 책으로 펴냈어요. 이 책에는 청의 문물과 제도, 새로운 농사법, 기계 등에 대한 내용이 담겨 있었지요. 홍대용, 박지원과 같이 시대를 앞선 사람들의 생각은 이후 조선 사회가 변화하는 데에 큰 영향을 주었어요.

Q2 반짝퀴즈

박지원은 청에 머무는 동안 보고 느낀 것을 일기에 적어 『□□□□』(이)라는 책으로 펴냈다.

서학의 전래와 영향

- 조선 후기 중국을 다녀온 사신들을 통해 서양 문물이 조선에 전해졌다.
- 천리경, 자명종, 「곤여만국전도」, 『천주실의』 등의 서양 문물은 더 넓은 세상이 있음을 알려 주었다.
- 조선 후기 서양에서 들어온 천주교와 여러 가지 서양 문물을 통틀어 서학이라고 불렀다.
- 홍대용은 청에 다녀온 후 지구는 둥글고 스스로 돌고 있다는 것을 주장했다.
- 박지원은 청에서 보고 느낀 내용을 담아 『열하일기』라는 책으로 펴냈다.

1 다음 중 조선 후기에 전해진 서양 문물이 아닌 것은 무엇입니까? (　　　　)

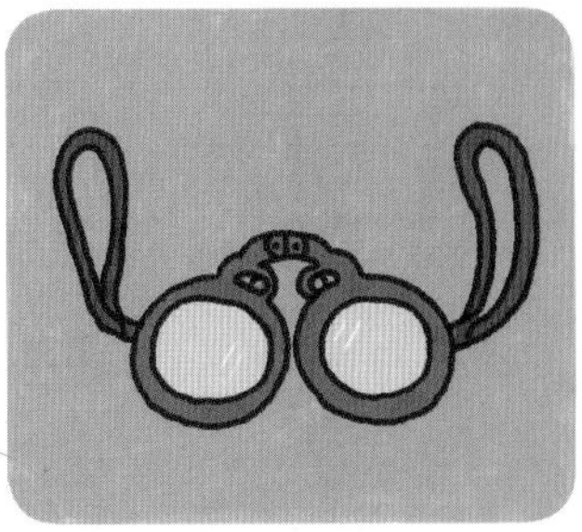

① 안경

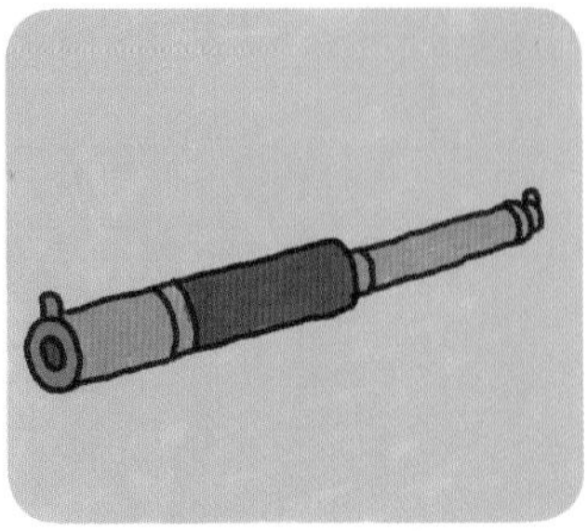

② 천리경

③ 자명종

④ 앙부일구

⑤ 유리 거울

2 다음 중 「곤여만국전도」가 조선 사람들에게 끼친 영향을 알맞게 말한 친구에 ○표 하세요.

(　　　　)

(　　　　)

(　　　　)

40회 기출 응용

3 다음 밑줄 친 '이 사람'의 이름을 쓰세요. (   )

1주 4일 학습 끝!

붙임 딱지 붙여요.

카드 세계사

강희제, 바다의 문을 활짝 열다

조선 후기에 들어온 서양 문물은 대부분 강희제 때부터 청에 들어온 것들이었어요. 청의 황제인 강희제는 중국 광저우를 비롯한 다섯 개의 항구를 열어 외국 상인들이 자유롭게 오갈 수 있게 했어요. 또 서양 문물에 관심이 많아 선교사들을 스승으로 삼고 수학, 물리학, 천문학 등 서양의 과학과 문물을 공부했지요. 강희제부터 아들 옹정제가 다스리는 동안 청은 강한 국력을 자랑했어요.

옹정제 청의 제5대 황제. 왕권을 튼튼하게 만들고 세금 제도를 개혁함.
국력 한 나라가 지닌 모든 방면에서의 힘.

05
1주

실학자들이 꿈꾼 사회는 어떤 모습이었나요?

공부한 날짜: 월 일

농업을 중요하게 여긴 실학자들의 주장
- **유형원:** 신분에 따라 차등 있게 토지를 나누어 줄 것.
- **이익:** 모든 백성에게 먹고 살 수 있는 최소한의 땅을 나누어 줄 것.
- **정약용:** 모두의 땅에서 함께 농사짓고, 얻은 수확물도 똑같이 나눌 것.

성리학 개인의 마음을 갈고닦는 것과 예절을 중요시하는 유학의 한 갈래.
삼강오륜 유교에서 질서가 잡힌 사회를 만들기 위해 반드시 지켜야 한다고 주장하는 여덟 가지 예절.

백성이 잘사는 나라를 꿈꾸다

전쟁이 끝난 후 일부 양반들은 권력을 마구 휘두르며 백성을 힘들게 했어요. 나랏일을 하는 관리들은 여전히 이론에 치우친 성리학만을 중요시하여 백성은 살기가 더 어려워졌지요.

이때 백성의 삶에 조금이라도 도움을 주고자 등장한 학문이 바로 실학이에요. 실학은 실생활에 도움이 되는 실용적인 학문이었어요.

'당장 먹을 것이 없어 굶주리는데 삼강오륜이 무슨 소용인가?'

실학을 연구하는 실학자들은 기존의 학문이 백성의 어려운 생활을 해결해 주지 못하는 것을 매우 안타깝게 여겼어요. 그래서 실생활에 필요한 여러 분야를 연구하여 백성을 잘살게 하고 나라를 튼튼하게 만드는 데 도움을 주려고 했어요.

"어떻게 하면 백성이 잘사는 나라를 만들 수 있을까?"

"농민들을 가난에서 벗어나게 할 방법은 없을까?"

조선의 백성은 대부분 농사를 짓는 농민이었어요. 농민 중에는 땅을 가진 사람도 있었지만 땅이 없는 사람이 더 많았어요. 땅이 없는 농민은 남의 땅을 빌려 농사를 지어야 했는데, 땅을 빌리기 위해서는 땅 주인에게 잘 보여야 했어요. 땅 주인이 빌린 땅값을 터무니없이 올려도 할 수 없이 주어야만 했지요. 이로 인해 가난한 농민은 더욱 가난해지고 부자인 땅 주인은 더욱 큰돈을 벌게 되었어요.

"땅이 없는 백성은 영원히 가난하게 살 수밖에 없구나. 토지 제도를 바꾸어 백성에게 골고루 땅을 나누어 주어야 해."

"좁은 땅에서도 많은 농작물을 거둘 수 있게 과학적인 농사 기술도 알려 주어야 해."

유형원, 이익, 정약용과 같이 농업에 관심을 둔 실학자들은 농민이 잘사는 사회를 만들기 위해 여러 가지 방법을 연구했어요. 이들은 백성이 골고루 잘살려면 토지 제도를 바꾸고, 과학적인 농사 기술을 알려 주어야 한다고 주장했지요.

터무니없이 허황하여 전혀 근거가 없이.

토지 제도 토지를 사서 자신의 것으로 만들고 이용하는 데 관한 모든 법률.

Q1 반짝퀴즈

□□은/는 실생활에 도움이 되는 실용적인 학문이다.

『대동여지도』

『대동여지도』는 '큰 조선 땅을 그린 지도'라는 뜻이에요. 김정호가 그린 것으로, 접었다가 펼 수 있는 22권의 책으로 구성되어 있어요.

『대동여지도』는 우리나라의 산, 강, 길 등이 자세하게 표시되어 있고, 누구나 쉽게 알 수 있게 기호를 사용했어요. 또 10리마다 표시된 눈금을 통해 정확하게 거리를 짐작할 수 있다는 특징이 있어요.

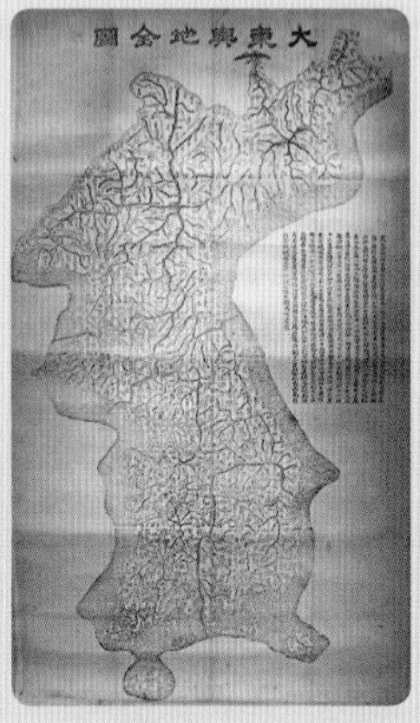

김정호, 『대동여지도』

실학자들 중에는 농업뿐만 아니라 상업과 공업을 발전시켜야 한다고 주장한 사람들도 있었어요. 유교를 중요하게 여긴 조선에서는 이전까지 장사하는 사람을 매우 천하게 여겼어요. 하지만 상업과 공업에 관심을 둔 실학자들은 물건을 만들고 판매하는 상공업을 발전시켜야 백성이 잘살 수 있다고 주장했어요.

"상업과 공업 역시 자신의 힘으로 물건을 만들고 사고팔아 먹고사는 일인데 어찌 천하다 할 수 있습니까? 상공업을 반드시 발전시켜야 합니다."

대표적인 사람들이 바로 홍대용과 박지원, 박제가, 이덕무와 같은 사람들이었어요.

"청나라를 오랑캐라고 무시해서는 안 되겠구나. 청나라와 가깝게 지내며 앞선 문물을 적극적으로 받아들여야 해."

이들은 일찍이 서양 문물을 받아들여 발전을 이룬 청을 본받으려고 했어요. 정조 때 규장각의 검서관으로 활약했던 박제가 역시 『북학의』라는 책에서 청의 모습을 본받아 수레가 다닐 수 있게 길을 넓히고 상공업을 발전시켜야 한다고 주장했어요.

상공업 상업과 공업.

우리나라 고유의 것을 중요하게 여긴 실학자도 있었어요. 이들은 중국의 것이 아닌 우리나라의 역사, 언어, 지리 등을 다양하게 연구했지요.

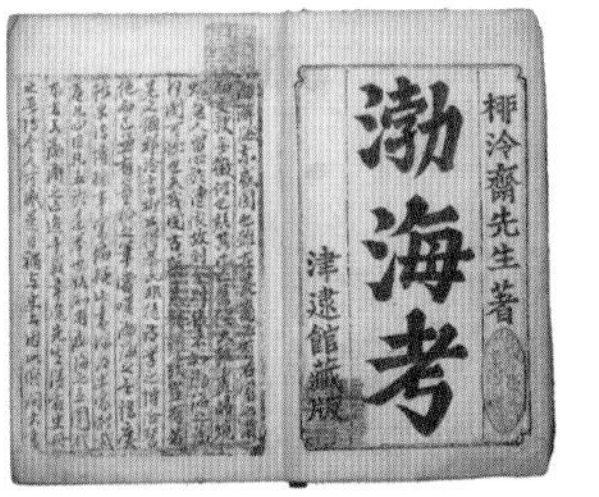

유득공, 『발해고』

수레 바퀴를 달아 짐을 옮기는 데 쓰는 기구.
지리 땅의 모양과 길의 형편.
발해 고구려 유민 대조영이 동모산 기슭에 세운 나라.

"발해가 우리 역사임을 밝혀야겠어."

"훈민정음을 연구해서 한글의 우수성을 알려야겠네."

"우리 땅의 모습을 정확하게 알 수 있는 지도를 만들어야겠네."

유득공이 쓴 『발해고』는 발해가 고구려의 후손이 세운 나라임을 밝히고 최초로 발해를 우리 역사로 다룬 책이에요. 유희는 『언문지』라는 책을 통해 한글의 우수성을 밝혔지요. 김정호는 오늘날과 비교해도 손색이 없을 정도로 정확한 『대동여지도』를 만들어 우리 땅의 모습을 담아냈어요.

Q2
반짝퀴즈

상업과 공업에 관심을 둔 실학자들은 □의 발전된 문물을 받아들여야 한다고 주장했다.

실학의 발달과 실학자의 등장

- 조선 후기 실학은 백성의 실생활에 도움이 되는 실용적인 학문이다.
- 농업에 관심을 둔 실학자들은 토지 제도를 바꾸고 과학적인 농사 기술을 알려 주자고 주장했다.
- 상업과 공업에 관심을 둔 실학자들은 물건을 만들고 사고파는 일을 중요하게 생각했다.
- 홍대용, 박지원, 박제가, 이덕무 등은 청의 문물을 받아들이고 상공업을 발전시키자고 주장했다.
- 유득공, 유희, 김정호 등은 우리나라 고유의 역사, 언어, 지리 등을 연구했다.

1 다음 그림의 상황이 벌어진 원인은 무엇입니까? (   )

① 땅을 가진 백성이 늘어났다.
② 관리들이 백성을 위해 열심히 일했다.
③ 농업과 상업이 발달해서 풍요로운 사회였다.
④ 기존의 학문이 백성의 어려움을 해결해 주지 못했다.
⑤ 청에서 전해진 서양 문물을 받아들여 기술이 발전했다.

2 다음 실학자들이 주장한 내용을 알맞게 선으로 이으세요.

(1) 농업에 관심을 둔 실학자 •	• ① "중국 것이 아닌 우리나라의 역사, 언어, 지리 등을 연구하자."
(2) 상업과 공업에 관심을 둔 실학자 •	• ② "청의 문물을 적극적으로 받아들이고 상공업을 발전시키자."
(3) 우리나라 고유의 것을 중요하게 여긴 실학자 •	• ③ "토지 제도를 바꾸고 백성에게 과학적인 농사 기술을 알려 주자."

41회 기출 응용

3 **다음 ㈎에 들어갈 인물은 누구입니까? (   )**

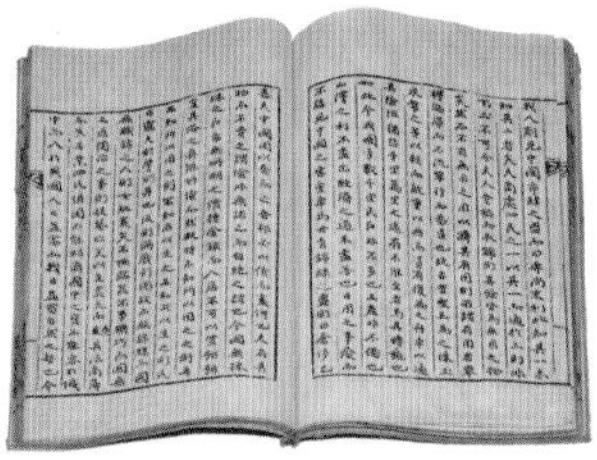

『북학의』

• 지은이: ㈎

• 소개

– 청을 방문한 후 보고 들은 내용을 『북학의』라는 책으로 씀.

– 수레의 사용과 상공업을 발전시켜 백성을 풍요롭게 할 것을 주장함.

① 정약용 ② 박제가 ③ 박지원 ④ 유형원 ⑤ 김정호

1주 5일 학습 끝!

붙임 딱지 붙여요.

카드 세계사

조선의 실학자들이 사회를 변화시키려고 할 무렵 유럽에서는 코페르니쿠스의 지동설을 비롯해 케플러, 라이프니츠, 뉴턴 같은 천재 과학자들이 등장해 천문학, 수학, 물리학, 해부학 등을 발전시키며 과학 혁명을 이끌었어요.

특히 뉴턴은 세계의 모든 것이 일정한 법칙에 따라 기계적으로 움직인다고 주장했어요. 그의 이런 생각은 자연 과학뿐 아니라 사회적으로도 큰 영향을 주었지요.

지동설 '地(땅 **지**)', '動(움직일 **동**)', '說(말씀 **설**)'이 합쳐진 말로, 지구가 태양 주위를 돈다는 학설.

PART 2

조선 후기의 사회와 문화

농업과 상공업의 발달로 경제가 나아지면서
조선의 신분제와 문화에도 큰 변화가 생겨났어요.
신분제의 변화와 다양한 서민 문화의 발달 모습을 통해
조선 후기 사회가 어떻게 변화해 갔는지 살펴봐요.

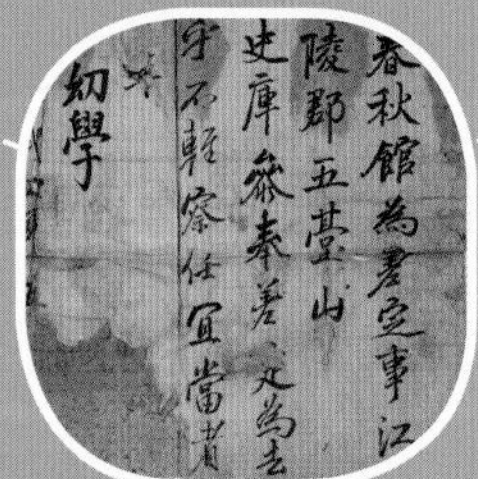

09

10

1725 탕평책 실시

1750 균역법 실시

1796 수원 화성 건설

1800 순조 즉위

1811 홍경래의 난

1860 동학 창시

1863 고종 즉위

1866 병인양요

1871 신미양요

1876 강화도 조약

1882 임오군란

1884 갑신정변

1894 동학 농민 운동

06 2주

조선 후기 장시는 어떻게 발달했나요?

공부한 날짜: 월 일

상평통보
조선 후기에 장시가 발달하면서 상평통보가 전국적으로 쓰이게 되었어요. 물건과 물건을 직접 교환하는 것이 불편했기 때문이에요. 일반 백성은 물건을 사고팔 때 편리한 상평통보를 자주 썼지요.
상평통보의 동그란 모양은 하늘을, 가운데 네모난 모양은 땅을 본떠서 만들었다고 해요.

상평통보

공예품 실생활에 쓰기 편하면서도 아름답게 만든 물건.
자리 앉거나 누울 수 있도록 바닥에 까는 물건.
닷새 다섯 날.

보부상이 장시에서 활약하다

조선 시대에도 오늘날의 시장에 해당하는 '장시'가 있었어요. 농작물의 수확이 늘고 상품 작물의 재배가 활발했던 조선 후기에는 장시가 무려 천여 개가 넘었다고 해요. 사람들은 농작물에서부터 손수 만든 공예품까지 다양한 물건들을 장시에서 사고팔았어요.

"올해는 고추가 풍년이로군. 장시에 내다 팔아야지."

"나는 직접 짠 자리를 가져다 팔아야겠어."

주로 지방에서 열렸던 장시들은 대개 닷새마다 한 번씩 열리는 5일장이었어요. 예를 들어 3월 1일에 시장이 열렸다면 닷새 후인 3월 6일에 다시 장이 열리는 거예요.

장이 서는 날이면 장터 한쪽에서는 씨름이나 줄다리기, 줄타기, 탈놀이 등 시끌벅적한 놀이판이 벌어졌어요. 놀이판에 모인 사람들의 웃고 우는 소리가 지나가는 사람들의 발길을 저절로 장시로 향하게 했지요.

장시는 지역마다 서는 날짜가 달랐기 때문에 물건을 파는 사람들도 닷새마다 장이 열리는 고을을 찾아 돌아다녔어요.

"자, 구경들 해 보시오. 청나라에서 가져온 벼루라오."

"아무리 두드려도 깨지지 않는 튼튼한 옹기 사시오."

이렇게 장이 서는 곳을 돌아다니며 농촌에서 구하기 어려운 물건을 전문적으로 팔던 사람들을 '장돌뱅이' 혹은 '보부상'이라고 해요.

보부상은 봇짐을 지는 보상과 등짐을 지는 부상이 합쳐진 말이에요. 보상은 큰 보자기에 벼루나 반지, 비녀 등 주로 값비싼 물건을 싸서 들고 다니며 팔곤 했어요. 반면 부상은 나무 그릇이나 항아리 같은 무겁고 큰 생활용품을 지게에 지고 다니며 팔았지요.

장이 서는 곳을 찾아 보부상이 전국 방방곡곡을 돌아다니던 길에는 이전에 없던 새로운 길이 만들어지기도 했어요. 보부상의 활약으로 조선 후기에는 장시가 더욱 발달했답니다.

벼루 먹을 가는 데 쓰는 물건.
옹기 진흙을 구워 만든 그릇.
봇짐 보자기에 싸서 꾸린 짐.
등짐 등에 지는 짐.
방방곡곡 한 군데도 빠짐이 없는 모든 곳.

Q1 반짝퀴즈

조선 후기에 주로 지방에서 열렸던 시장을 □□(이)라고 한다.

신해통공
영의정 채제공은 백성이 가져온 젓갈, 채소 등을 시전 상인들이 팔지 못하게 한다는 것을 알고 정조에게 금난전권을 없앨 것을 건의했어요.
이후 정조는 육의전을 제외한 시전 상인의 금난전권을 없애 누구나 자유롭게 물건을 팔 수 있게 해 주었어요. 이를 신해년에 내린 명령이라는 뜻에서 '신해통공'이라고 해요.

채제공

육의전 조선 시대에 나라에 필요한 물건인 모시, 명주, 무명, 비단, 종이, 생선을 팔던 큰 상점.
난전 조선 시대에 나라에서 허가한 시전 상인 이외의 상인이 하던 불법적인 가게.
금난전권 '禁(금할 **금**)', '亂(어지러울 **란**)', '廛(가게 **전**)', '權(권세 **권**)'이 합쳐진 말로, 육의전이나 시전 상인이 난전을 금지할 수 있었던 권리.

거상이 등장하다

지방에 5일장이 열렸다면 한양에서는 매일 시전이 열렸어요. 시전 상인이 운영하는 가게 중에는 나라의 허가를 받고 여섯 가지 물건을 파는 곳이 있었는데, 이를 육의전이라고 해요.

한양에 많은 사람이 모이자 시전 외에 난전도 생겼어요. 값싼 물건을 파는 난전이 인기를 얻자 시전 상인들은 불만이 많았지요.

"난전 상인들이 손님을 다 뺏어 가네. 이러다 망하겠어."

시전 상인은 궁리 끝에 난전을 금지해 달라고 나라에 청해 '금난전권'을 받게 되었어요. 금난전권을 받은 시전 상인들이 난전에서 장사를 하지 못하게 막고 물건 값을 올리자, 백성은 시전에서 비싼 값을 주고 물건을 사야만 했어요. 반면 물건을 독점 판매하게 된 시전 상인들은 큰 이득을 얻었지요. 이 사실을 알게 된 정조는 육의전을 뺀 다른 물건에 대해서 금난전권을 없앨 것을 명했어요. 이로 인해 누구나 자유롭게 물건을 팔 수 있게 되었지요.

금난전권이 없어지자 장사꾼들은 신이 났어요. 나루터에는 엄청난 양의 쌀과 물건을 실은 배들이 쉴 새 없이 오갔지요. 당시 배는 아주 비쌌기 때문에 배를 가진 장사꾼은 큰 상인, 즉 거상이었어요. 한양의 경강상인은 이 배로 대동미와 소금을 나르며 큰돈을 벌었어요.

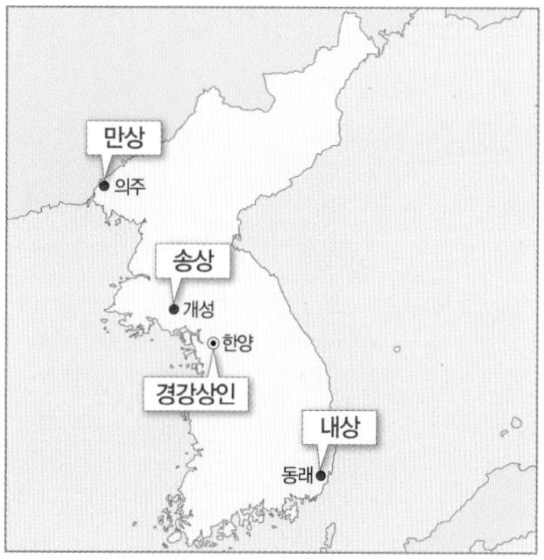

조선 후기 상인의 활약

나루터 배가 닿고 떠나는 곳.
대동미 조선 후기 대동법에 따라 거두던 쌀.
무역 나라와 나라 사이에 물건을 사고파는 일.
송방 조선 후기 송상이 물건을 팔던 가게.

거상 중 송상, 만상, 내상 등은 무역을 통해 큰돈을 벌었어요. 의주에서 활약한 만상은 청에 인삼, 종이, 명주 등을 사고팔았어요. 동래의 내상은 일본을 오가며 물건을 사고팔았지요. 개성의 송상은 만상과 내상을 잇는 거래를 하며 큰돈을 벌었어요. 또, 전국에 송방을 두고 활발하게 활동했지요.

Q2 **반짝퀴즈**

시전 상인에게 준 권리인 □□□□이/가 사라지자 누구나 자유롭게 물건을 팔 수 있게 되었다.

조선 후기 상업의 발달

- 수확량의 증가와 상품 작물의 재배로 장시가 발달하자 보부상의 활약이 이어졌다.
- 장시의 발달로 사람들 간의 거래가 활발해지면서 상평통보가 전국적으로 쓰이기 시작했다.
- 시전 상인들의 횡포가 심해지자 정조는 시전에 주었던 권리인 금난전권을 폐지하였다.
- 금난전권의 폐지로 누구나 자유롭게 물건을 팔 수 있게 되었다.
- 송상, 만상, 내상 등 거상의 활약으로 청·일본과의 교류가 활발해졌다.

1 다음 그림 속 조선 시대 상인에 대한 설명으로 알맞은 것에 ○표 하세요.

(1) 금난전권을 가지고 난전을 단속하였다. ( )

(2) 시전에서 활동하는 상인으로 나라의 허가를 받았다. ( )

(3) 전국을 돌아다니며 농촌에서 구하기 힘든 물건을 팔았다. ( )

2 다음에서 설명하는 조선 시대의 상인을 아래 지도에서 찾아 쓰세요.

- 전국에 송방을 두고 활발하게 활동했다.
- 만상과 내상을 이어 주는 거래를 하며 큰돈을 벌었다.

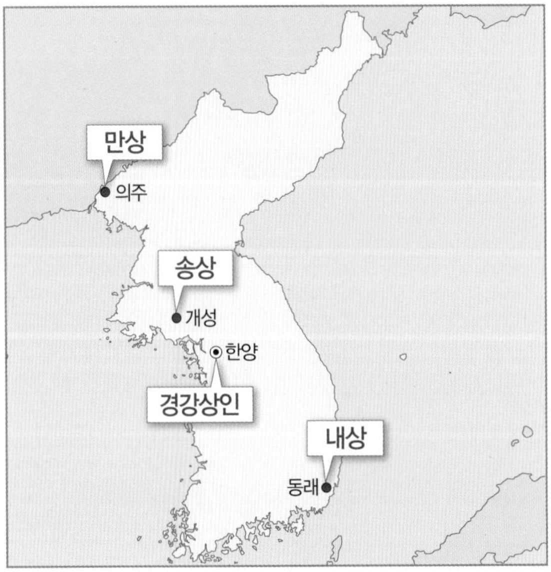

조선 후기 상인의 활약

( )

37회 기출 응용

3 다음 (가)에 들어갈 상인은 누구입니까? (   )

(가) 전통문화 축제

우리 재단에서는 (가) 전통문화 축제를 개최합니다. (가) 은/는 전국의 장시에서 활동한 상인으로 봇짐장수와 등짐장수를 아울러 일컫는 말입니다. 이들과 관련된 길 행렬, 놀이판 등 다양한 공연을 준비했으니 많은 참여 바랍니다.

- 일시: 20○○년 ○○월 ○○일
- 장소: ○○시 △△시장
- 주관: ○○문화재단

① 송상
② 내상
③ 보부상
④ 경강상인
⑤ 시전 상인

붙임 딱지 붙여요.

조선 후기 우리나라에 상업이 발달하기 시작할 무렵 유럽에서는 가장 부유한 나라 중 한 곳이었던 영국에서 산업 혁명이 시작되었어요. 존 케이가 만든 자동 베틀에 이어 천을 짜는 직조기 등이 연이어 만들어지며 영국의 면직물 공업은 크게 발달하였지요. 이 시기에 제임스 와트가 개량한 증기 기관은 산업과 공업뿐만 아니라 증기 기관차의 발명에도 영향을 주었어요.

산업 혁명 18세기부터 100년에 걸쳐 일어난 기술 혁신과 사회의 변화.
면직물 목화솜을 이용해 짠 옷감.

07
2주

조선 사람들은 어떤 생활용품을 사용했나요?

공부한 날짜: 월 일

분청사기와 순백자
분청사기는 회색이나 회백색의 흙 위에 흰색의 흙으로 표면을 꾸민 뒤 구워 낸 도자기예요. 조선 초기에 많이 만들어졌으며, 화려하지는 않지만 소박하고 수수한 느낌이 특징이지요. 조선 중기에는 무늬가 없는 흰색의 순백자가 유행했어요. 흰색의 백자가 선비의 정신과 닮았다고 해서 큰 사랑을 받았대요.

분청사기 박지 연꽃무늬 납작병

백자 달 항아리

멋과 지혜가 담긴 생활용품이 사용되다

백자 청화 국화 벌 무늬 병

청자가 고려 시대를 대표하는 도자기였다면 백자는 조선 시대를 대표하는 도자기였어요. 백자는 조선 시대 전 기간에 걸쳐서 만들어졌어요.

일부 부유한 사람들만 사용할 수 있었던 고려의 청자와 달리 조선의 백자는 그릇이나 술병, 문구 등 다양한 물건으로 만들어져 사람들의 생활 속에서 사용되었지요.

조선 후기에는 백자를 만드는 기술이 더욱 발전하여 흰 바탕에 푸른 물감으로 그림을 그린 '청화 백자'도 등장했어요.

"푸른색으로 그린 국화가 마치 살아 있는 것처럼 보여."

일상생활에서는 옹기도 많이 사용되었어요. 옹기는 표면의 작은 구멍으로 공기가 드나들어 숨을 쉬는 그릇이에요. 각종 곡식이나 고추장, 된장 등의 장류를 담아 오래 보관하기 좋았지요.

"떡살로 떡에 무늬를 찍으니 보기도 좋고 먹기도 좋구나!"

옹기

떡살

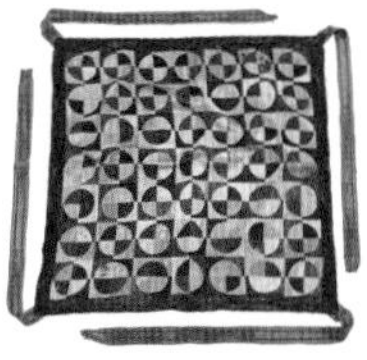
조각보

백자 순백색의 바탕흙 위에 투명한 유약을 발라 구워 만든 도자기.
부유하다 재물이 넉넉하다.
문구 학용품이나 사무용품.

떡살은 떡을 눌러 무늬를 찍는 데 쓰는 도구예요. 떡살로 원이나 빗금, 꽃, 새, 나비 등 다양한 무늬를 찍어 낸 떡은 아름다운 무늬 때문에 더욱 맛있어 보였어요.

한편 조선 시대 사람들은 옷을 만들고 남은 조각 천도 버리지 않고 모아 두었다가 이어서 보자기로 만들곤 했어요. 이를 '조각보'라고 하는데 주로 물건을 싸거나 밥상보, 이불보 등으로 쓰였지요.

Q1
반짝퀴즈

조선 후기에는 흰 바탕에 푸른 물감으로 그림을 그린 도자기인 □□□□이/가 등장했다.

□ □ □ □

공인의 등장과 산업의 발달
대동법의 시행으로 더 이상 특산물을 걷을 수 없게 되자 나라에서는 돈을 주고 장에 가서 특산물을 사 오는 사람을 쓰게 되었어요. 이들을 공인이라고 해요. 공인들이 필요한 물건을 대량으로 사들이는 과정에서 물건을 만드는 수공업과 사고파는 상업, 물건의 재료를 얻는 광업이 함께 발달하였지요.

삼다 짚을 비벼 꼬아 잇다.
노리개 여자들이 몸치장으로 한복 저고리의 고름이나 치마 허리 등에 다는 물건.
사치품 자신의 수준이나 생활의 필요 정도에 넘치는 물건.

수공업과 광업이 발달하다

"뚱땅땅, 뚱땅땅땅, 뚱땅!"

대장장이가 대장간에서 쇠를 두드려 호미를 만들고 있어요. 이렇게 손이나 간단한 도구를 이용하여 생활에 필요한 것을 만드는 작은 규모의 공업을 수공업이라고 해요. 조선 시대의 수공업자들은 주로 농기구를 만들거나 옷감을 짜고, 짚신을 삼고, 종이를 만드는 등의 일을 담당했어요. 한양에는 노리개나 자개 등 사치품을 만드는 수공업자들도 일부 있었지요.

조선 초기에 수공업자들은 모두 나라에 속해 관청의 감시를 받으며 물건을 만들었어요. 그런데 조선 후기에 대동법이 실시되며 수공업자들에게도 큰돈을 벌 수 있는 길이 열렸어요.

"소문 들었나? 이제 관청에 등록하지 않아도 세금만 내면 직접 물건을 장에 내다 팔 수 있다는구먼."

"그게 정말인가?"

상업의 발달로 부자가 된 사람들이 많아지자 예전에는 직접 만들어 쓰던 물건들을 돈을 주고 사서 쓰게 되었어요.

이 가운데 일부 거상들은 많은 돈을 벌기 위해 수공업자에게 돈과 재료를 미리 주며 사람들이 많이 찾는 그릇이나 농기구 등의 물건을 대량으로 만들어 달라고 했지요.

"돈과 재료를 미리 주겠네. 날짜에 맞춰서 물건만 만들어 주게."

"예, 나으리."

이로 인해 수공업이 점점 활발해지자 일부 수공업자들은 삼삼오오 함께 모여서 일하는 작업장을 차리게 되었어요. 이를 '점'이라고 불러요. 예를 들어 대장간처럼 쇠로 만든 물건을 만드는 곳은 철점, 사기그릇을 만드는 곳은 사기점이라고 불렀지요.

한편 상평통보가 전국 각지에서 널리 쓰이기 시작하자 그 원료를 얻기 위한 광업도 함께 발달했어요. 광산에서 일하는 사람들 중 대부분은 땅을 잃은 농민이나 도망친 노비들이었어요.

대동법 조선 후기 세금으로 바치던 특산물을 쌀과 옷감으로 대신 내게 한 제도.
대량 아주 많은 양.
삼삼오오 여러 사람이 떼를 지어 다니며 무엇을 함.
광업 금, 은, 철과 같은 광물을 캐고 등급을 나누어 금속을 분리해 내는 산업.

Q2 반짝퀴즈

조선 후기 대동법의 실시로 작은 규모의 공업인 □□□이/가 발달하게 되었다.

조선 후기 생활용품과 수공업·광업의 발달

- 백자는 조선을 대표하는 도자기로, 다양한 생활용품으로 제작되었다.
- 조선 후기에는 백자를 만드는 기술이 더욱 발전하여 청화 백자가 등장했다.
- 옹기, 떡살, 조각보 등은 조상들의 멋과 지혜가 담긴 조선 시대의 생활용품이다.
- 대동법의 실시로 수공업자들이 자유롭게 물건을 사고팔 수 있게 되며 수공업이 발달했다.
- 상평통보가 널리 쓰이며 그 원료를 얻는 광업도 함께 발달했다.

1 다음 사진에 알맞은 조선 시대 생활용품의 이름을 선으로 이으세요.

(1)

(2)
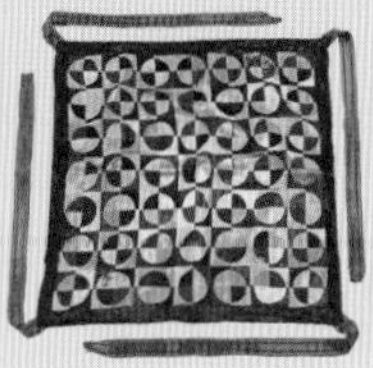

(3)

① 떡살

② 옹기

③ 조각보

2 다음 중 조선 후기 수공업자에 대해 알맞게 말한 친구에 ○표 하세요.

(1) 나라의 감시를 받으며 일했어.

(2) 반드시 관청에 등록을 해야만 물건을 팔 수 있었어.

(3) 나라에 세금을 내고 자유롭게 물건을 사고팔 수 있었어.

(　　　)　(　　　)　(　　　)

46회 기출 응용

3 **다음 (가)에 들어갈 공예품은 무엇입니까? (   )**

① 떡살 ② 조각보 ③ 분청사기 ④ 나전 칠기 ⑤ 청화 백자

붙임 딱지 붙여요.

카드 세계사

상공업의 발달로 조선에서 백성의 생활이 나아진 것과 달리 영국에서는 산업 혁명 이후 보급된 방직기로 인해 노동자들이 쉬지 않고 기계를 돌리는 일이 흔했어요. 그러나 밤새 일을 해도 그 대가는 너무 적어 먹고살기조차 힘들었지요.
생활이 어려운 노동자들은 더 나은 생활을 요구하며 기계를 부수는 러다이트 운동을 벌였어요. 그러나 이후에도 노동자들의 생활은 크게 달라지지 않았어요.

방직기 '紡(자을 방)', '織(짤 직)', '機(틀 기)'가 합쳐진 말로, 실을 뽑아서 천을 짜 내는 기계.

신분 제도는 어떻게 바뀌었나요?

공부한 날짜: 월 일

공명첩
공명첩은 벼슬을 받는 사람의 이름을 비워 둔 관직 임명장이에요. 나라에 돈이나 곡식을 바치는 사람의 이름을 적어 벼슬을 내렸지요.
공명첩을 받는다고 해도 실제 벼슬을 할 수는 없었어요. 공명첩에 있는 벼슬은 실제 벼슬이 아니라 이름뿐인 명예직이었어요.

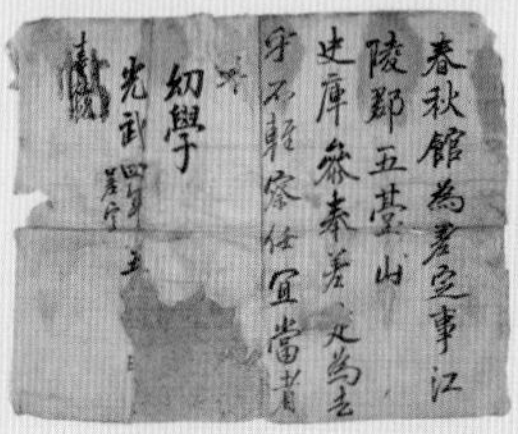
공명첩

중인 조선 시대에 양반과 평민의 중간에 있던 신분 계급.

양반의 수가 늘어나다

조선은 양반의 나라였어요. 양반은 한양에서는 나랏일을 하는 신하였고, 지방에서는 넓은 땅을 가진 땅 주인이었어요. 또 군대에 가지 않아도 떵떵거리면서 살 수 있었지요. 한마디로 양반은 조선 최고의 신분이었어요.

"양반은 참 좋구나. 세금도 조금만 내면 되고. 우리는 매년 내야 할 세금이 엄청난데 말이야."

"그뿐인가? 우리 같은 사람이 양반에게 말 한마디 잘못하면 끌려가서 혼쭐이 나기 일쑤야. 나도 양반이 되고 싶다."

조선 초기에는 신분 제도가 엄격해서 중인이나 평민이 양반이 되는 것은 꿈도 못 꿀 일이었어요. 그러나 임진왜란 이후, 중인이나 평민에게도 양반이 될 수 있는 길이 열렸어요.

전쟁으로 나라의 살림살이가 어려워지자 나라에서 관청에 돈이나 곡식을 내는 사람들에게 공명첩을 주기 시작한 거예요.

"공명첩만 사면 평민인 우리도 양반이 될 수 있다네."

조선 후기 모내기법으로 수확량이 늘자 돈을 번 농민이나 물건을 팔아 부자가 된 상인 등은 공명첩을 사서 양반이 되었어요.

한편 양반 중에는 벼슬을 하지 못한 가난한 시골 양반도 있었어요. 이들은 농사지을 땅조차 없어 생활 형편이 매우 어려웠지요. 먹고살 길이 막막했던 이들은 양반의 신분이 적힌 족보를 평민에게 팔기도 했어요. 일부 평민은 조상의 신분이나 직업을 가짜로 지어내 양반이 되기도 했다고 해요.

이렇게 양반이 되는 방법이 늘어나면서 조선 후기에는 양반의 수가 크게 늘어났어요. 이로 인해 양반의 권위도 서서히 무너지기 시작했지요.

족보 한 집안의 조상과 후손들의 이름을 기록한 책.
권위 남을 지휘하거나 통솔하여 따르게 하는 힘.

반짝퀴즈 Q1

조선 후기 나라에서 중인이나 평민에게 □□□을/를 주기 시작하며 양반의 수가 크게 늘었다.

□□□

신분의 벽이 허물어지다

중인은 양반과 평민 사이에 있는 신분이었어요. 서얼, 의관, 역관, 향리 등이 중인에 속했지요.

"실력이 뛰어나면 뭐 하나? 높은 벼슬은 할 수도 없는데……."

중인은 아무리 실력이 뛰어나도 높은 벼슬에 오를 수 없었어요. 평민이나 노비에게 대접을 받았지만 양반에게는 차별받기도 했지요. 그래서 중인은 전문적인 지식과 능력을 바탕으로 돈을 모아 양반의 신분을 사거나 억울함을 알리는 상소를 올리기도 했어요.

나라에서는 양반이 늘고 세금을 내야 할 평민이 줄어들자 세금을 걷기가 어려워졌어요. 그래서 순조 때는 궁궐과 관청에 속한 노비들을 해방시켜 주기도 했지요.

"왕실의 노비와 관청 노비의 신분을 풀어 줄 것이다. 그들의 노비 문서를 불태우도록 해라."

이로 인해 조선 후기에는 노비의 수가 크게 줄었어요.

한편 조선에 성리학이 깊숙이 자리 잡으면서 조선 초기에 비교적 높았던 여성의 지위는 이전보다 크게 낮아졌어요.

삼종지도(三從之道)
옛날에 여자가 지켜야 할 세 가지 도리를 말해요. 삼종지도에 따르면 여자들은 집에서는 아버지를 따르고, 시집을 가면 남편에 순종하고, 남편이 죽으면 아들의 뜻을 따라야 했다고 해요.
조선 후기 성리학의 영향으로 여성들은 삼종지도를 강요받으며 억압받는 삶을 살아야만 했어요.

의관 의술을 다루던 관리.
역관 통역을 담당하던 관리.
향리 지방에서 행정 일을 담당하던 하급 관리.
상소 임금에게 올리던 글.
노비 문서 노비를 사고팔거나 주는 것, 또는 교환하는 일에 대한 내용을 기록한 문서.
지위 신분에 따른 위치.

남성은 어려서부터 공부를 하여 과거를 보고 관리가 되는 일이 자연스러웠지만, 여성은 집안일을 할 것을 강요받았지요.

"저도 바느질 대신 서당에서 공부하고 싶어요."

"그럼 못써. 자고로 여자는 집안일에 힘써야지."

조선 후기에 여성은 아무리 능력이 뛰어나도 사회 활동을 할 수 없었어요. 신분이 높을수록 제약이 심해 밖에 나갈 때는 장옷으로 얼굴을 가리거나 가마를 타야 했지요.

결혼 후에는 시부모님을 모시고 살아야 했고 남편이 죽어도 재혼을 할 수 없었어요. 또, 제사에 참여할 수 없었고 재산을 물려받을 때도 차별을 받았지요. 조선 후기에는 족보에도 딸의 이름을 넣지 않거나 뒷부분에 넣어야 했어요.

제약 어떠한 일을 하지 못하게 막음.
장옷 예전에 여자들이 얼굴을 가리려고 머리에서부터 길게 내려 쓰던 옷.
가마 사람이 안에 타고 둘이나 넷이 들거나 메던 조그만 집 모양의 탈것.
재혼 다시 결혼함.
제사 음식을 정성껏 차려놓고 죽은 사람을 기리는 일.

Q2 반짝퀴즈

조선 시대에 전문적인 지식을 가진 의관, 역관, 향리 등이 속한 신분은 □□(이)다.

신분 제도와 여성 지위의 변화

- 임진왜란 이후 나라에서 돈이나 곡식을 받고 벼슬을 주는 공명첩이 등장했다.
- 양반이 되는 방법이 늘어나면서 양반의 수가 크게 늘었다.
- 조선 후기 중인은 돈을 주고 양반의 신분을 사거나 나라에 상소를 올리기도 했다.
- 양반 수의 증가로 세금이 줄자 나라에서는 궁궐과 관청에서 일하는 노비를 해방시켜 주기도 했다.
- 성리학의 영향으로 조선 후기 여성의 사회적 지위는 이전보다 크게 낮아졌다.

1 다음 그래프를 보고 조선 후기 그 수가 크게 늘어난 신분을 쓰세요.

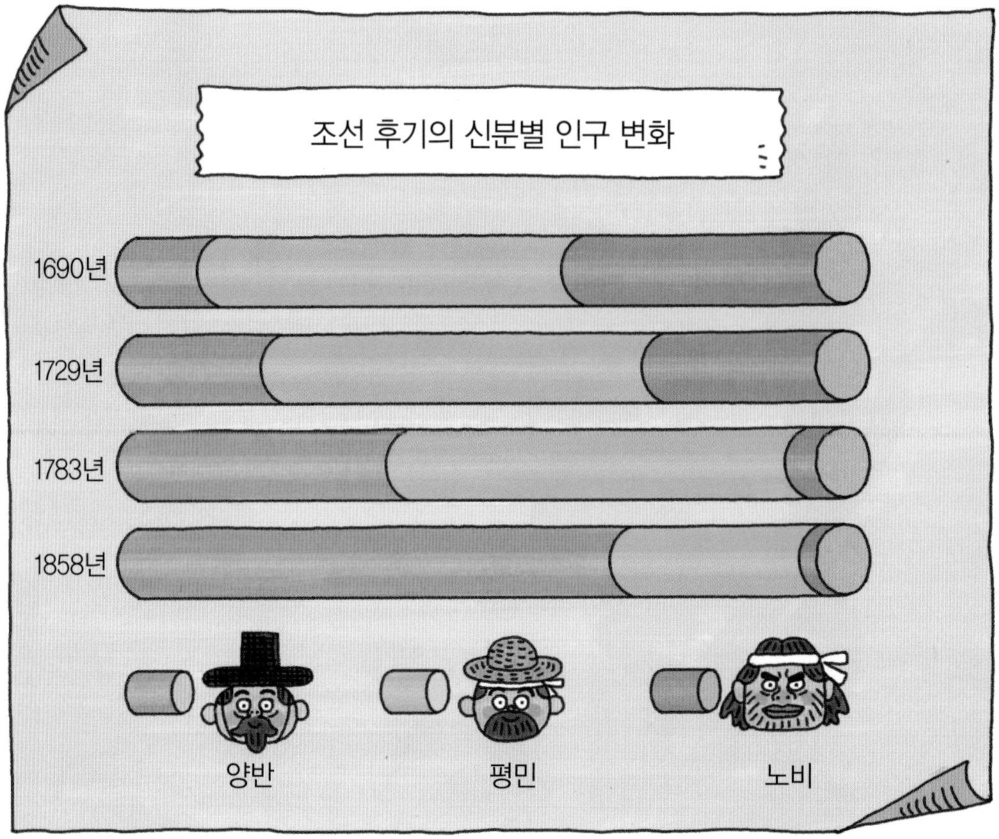

( )

2 다음 중 조선 후기 여성의 삶에 대한 설명으로 알맞지 않은 것은 무엇입니까? ( )

① 제사에 참석할 수 없었다.
② 남편이 죽은 후 재혼할 수 없었다.
③ 아들과 똑같이 재산을 물려받았다.
④ 바깥에 나갈 때는 장옷으로 얼굴을 가렸다.
⑤ 어려서부터 바느질과 같은 집안일을 강요받았다.

45회 기출 응용

3 조선 시대에 다음 사람들의 신분을 보기에서 골라 쓰세요. (　　　　　　)

2주 3일 학습 끝!

붙임 딱지 붙여요.

보기	양반	노비	중인	평민

카드 세계사

시민, 혁명을 일으키다

필리포토, 「1848년 2월 25일, 혁명의 깃발을 물리치는 시청 앞 라마르틴」

조선에서 양반의 수가 늘고 있을 무렵 미국에서는 시민 혁명이 일어났어요. 영국이 식민지인 미국에 많은 세금을 매기자 화가 난 미국 시민은 영국에 전쟁을 선포했어요. 미국은 영국에 '독립 선언서'를 발표한 후 결국 전쟁에서 승리했지요.
프랑스에서도 세금 때문에 화가 난 시민이 혁명을 일으켰어요. 프랑스 시민은 바스티유 감옥을 부수고 자유, 평등 등의 권리를 담은 '인권 선언'을 발표했어요.

혁명 헌법의 범위를 벗어나 국가 기초, 사회 제도, 경제 제도, 조직 등을 근본적으로 고치는 일.

09 2주

조선 후기에는 어떤 그림이 유행했나요?

공부한 날짜: 월 일

백수백복도(百壽百福圖)

'목숨 수(壽)' 자와 '복 복(福)' 자를 반복해서 화면을 꽉 채운 그림이에요. 건강하게 오래 사는 것과 자식을 많이 낳고 행복하게 살기를 바라는 바람이 담긴 민화의 한 종류예요. 「백수백복도」는 주로 할아버지나 할머니의 생신 또는 특별한 날 장수(오래 삶.)를 기원하는 의미로 많이 쓰였어요.

「백수백복도」

민화와 진경산수화가 유행하다

농작물의 수확량이 늘고 상공업이 발전하면서 경제적 여유가 생긴 서민은 예술에 관심을 가지기 시작했어요. 그 가운데 그림 그리기를 직업으로 삼는 사람들이 나타나면서 민화가 유행했지요.

민화는 화려하지는 않았지만 행복하게 살고자 하는 백성의 바람을 잘 담아내어 인기를 얻었어요. 그림의 소재인 물고기, 꽃, 새, 해, 구름, 산, 호랑이 등은 모두 이러한 바람이 담긴 것들이었지요.

"십장생을 보고 있으니 절로 건강해지는 것 같구나."

"그림 속 호랑이가 나쁜 일은 막아 주고 복을 가져다줄 거야."

부유한 서민은 민화를 이용해 병풍을 만들어 집 안을 꾸미곤 했어요. 민화를 그린 사람은 알려지지 않은 경우가 많았어요.

한편 조선의 산과 강을 그린 화가 역시 큰 인기를 얻었어요. 조선 후기 최고의 인기 화가였던 정선이 대표적이에요.

정선, 「인왕제색도」

"이전에 보던 것과 다른 그림이네."

"산봉우리에 번지는 물안개가 일품이구나."

정선은 한양에 있는 인왕산에 직접 올라 아름다운 경치를 살펴보고 붓과 먹을 달리 사용하는 자신만의 기법을 이용해 「인왕제색도」라는 그림을 그렸어요. 이렇게 우리나라의 실제 산과 강을 보고 그대로 그린 그림을 '진경산수화'라고 해요. 정선은 금강산에도 두 번이나 올라 금강산을 한눈에 내려다보듯 그린 「금강전도」라는 작품도 남겼지요.

당시 화가들은 중국 화가가 그린 산과 들, 강을 본떠 그리는 일이 흔했어요. 그러나 정선은 중국의 것이 아닌 우리나라 고유의 자연을 화폭에 담아냈다는 데에 큰 의의가 있어요.

서민 벼슬이나 높은 신분을 갖지 못한 일반 백성.
십장생 죽지 않고 사는 열 가지 생물. 해, 산, 물, 구름, 소나무, 사슴 등.
병풍 바람을 막거나 무엇을 가리거나 또는 장식용으로 방 안에 치는 물건.
화폭 그림을 그려 놓은 천이나 종이의 조각.

반짝퀴즈 Q1

조선 후기 □□은/는 인왕산의 모습을 그린 「인왕제색도」를 남겼다.

□□

「까치 호랑이」

김홍도와 강세황

강세황은 시와 글, 그림에 모두 뛰어난 문인화가였어요. 김홍도에게 그림을 가르친 스승으로 더 유명하지요.
제자인 김홍도의 실력을 높이 평가한 그는 김홍도의 그림에는 거의 모두 평을 남겼대요.
김홍도와 강세황은 스승과 제자일 뿐만 아니라 평생에 걸쳐 함께 그림을 그린 동료이기도 했어요.

강세황

풍속화가 사랑받다

김홍도, 「씨름」

풍속화는 서민이 살아가는 생활 모습을 그린 그림이에요. 조선 후기 풍속 화가로는 김홍도와 신윤복이 유명했지요.

"씨름하는 총각 좀 봐. 곧 넘어갈 것 같아."

씨름판에 있는 두 사내가 당장이라도 넘어질 듯 아슬아슬해 보이는 이 그림을 그린 사람은 바로 김홍도예요.

조선의 임금이었던 정조는 백성의 삶을 더욱 자세히 알고 싶어 했어요. 그래서 자신이 아끼는 화가였던 김홍도에게 백성이 사는 모습을 그림으로 그려 오라고 명했어요.

정조의 명에 따라 김홍도는 서민이 논을 가는 모습, 대장간에서 일하는 모습, 서당에서 공부하는 모습, 놀이하는 모습 등 다양한 삶의 모습을 화폭에 담아냈어요. 그의 그림에는 평범하고도 활기찬 서민의 모습을 사랑했던 김홍도의 마음이 잘 나타나 있지요.

신윤복의 「미인도」를 보면 조선 시대 사람들이 생각하던 미인의 모습을 알 수 있어요. 곱게 빗어 올린 머리와 동그란 얼굴, 한복을 곱게 차려입은 단아한 모습이 참으로 아름답지 않나요?

신윤복의 「미인도」는 치마 주름과 저고리에 늘어뜨린 노리개까지 미인을 섬세하게 표현한 것으로 유명해요. 서민의 생활 모습을 주로 그린 김홍도와 달리 신윤복은 양반이나 여인의 모습을 많이 그린 것으로 알려져 있답니다.

신윤복, 「미인도」

Q2 반짝퀴즈

□□□은/는 서민의 생활 모습을 그린 그림이다.

민화 · 진경산수화 · 풍속화

- 농업과 상공업의 발달로 경제적으로 여유가 생긴 서민을 중심으로 예술이 발달하였다.
- 조선 후기에는 행복하게 살고자 하는 백성의 바람이 담긴 민화가 등장했다.
- 민화는 그린 사람을 알 수 없는 경우가 많았으며 십장생과 물고기, 호랑이 등을 주로 그렸다.
- 정선의 「인왕제색도」는 우리나라의 실제 산과 강을 보고 그대로 그린 진경산수화이다.
- 풍속화는 서민의 생활 모습을 그린 그림으로, 김홍도와 신윤복이 유명했다.

1 다음 중 민화에 대한 설명으로 알맞지 않은 것은 무엇입니까? (　　　　　)

「까치 호랑이」

① 그린 사람을 알 수 없는 경우가 많았다.
② 김홍도, 신윤복 등이 대표적인 화가이다.
③ 행복하게 살고자 하는 백성의 바람이 담겨 있다.
④ 부유한 서민은 그림을 병풍으로 만들어 집 안을 꾸몄다.
⑤ 물고기, 꽃, 새, 해, 구름, 산, 호랑이 등이 그림의 주요 소재가 되었다.

2 다음 설명에 알맞은 그림을 선으로 이으세요.

(1) 우리나라의 실제 산과 강을 보고 그린 그림 •		• ① 풍속화
(2) 서민의 생활 모습을 그린 그림 •		• ② 진경산수화

43회 기출 응용

3 다음 ㈎에 들어갈 화가는 누구입니까? (　　　　　)

초대합니다

㈎ 특별 기획전

이번 특별 기획전에서는 조선 후기 서민의 생활 모습을 소재로 그림을 그린 이분의 작품을 모아 전시합니다.

• 기간: 20○○년 ○○월 ○○일~○○일
• 장소: ○○박물관 ○○전시실

① 정선　　② 강세황　　③ 신윤복　　④ 김홍도　　⑤ 정약용

2주 4일 학습 끝!

붙임 딱지 붙여요.

카드 세계사

낭만주의, 18세기 유럽을 휩쓸다

들라크루아, 「민중을 이끄는 자유의 여신」

조선 후기 서민 문화가 발달할 무렵 유럽에서는 낭만주의가 유행했어요. 낭만주의는 시, 소설, 그림, 음악 등에서 개성과 상상력을 중요하게 여기는 예술의 흐름이에요. 당시 활동한 화가 들라크루아는 「민중을 이끄는 자유의 여신」으로 프랑스 혁명을 보고 느낀 점을 표현했고, 베르디와 바그너는 민족의 색깔을 담은 음악을 작곡했어요. 한편 시인 중에는 워즈워스, 키츠, 바이런 등이 유명했지요.

개성 다른 사람과 구별되는 고유한 특성.

10 2주

서민은 어떤 책과 놀이를 즐겼나요?

공부한 날짜: 월 일

전기수와 세책가
사람들에게 돈을 받고 책을 읽어 주던 이야기꾼을 '전기수'라고 해요. 전기수는 구경꾼의 반응을 보며 인물과 장면, 분위기에 어울리는 목소리로 책을 읽어 주었어요.
한편 한글 소설이 유행하자 책을 빌려서 읽는 사람도 많아졌어요. 당시 사람들에게 돈을 받고 책을 빌려주던 서점을 '세책가'라고 했어요.

깨치다 일의 이치 등을 깨달아 알다.
비판하다 현상이나 사물의 옳고 그름을 판단하여 밝히거나 잘못된 점을 지적하다.

한글 소설과 사설시조가 널리 읽히다

조선 후기 동네마다 글을 가르치는 서당이 생기면서 한글을 익힌 서민이 늘어났어요. 그러나 대다수의 백성은 여전히 글을 모르는 경우가 많아 책을 대신 읽어 주는 이야기꾼이 등장했지요.

"자, 흥부가 박에 슬금슬금 톱질을 하는데 갑자기 펑 하는 소리와 함께 연기가 모락모락 피어올랐으렷다."

한글을 깨친 사람들과 이야기꾼의 등장으로 일반 백성 사이에서는 한글 소설이 널리 퍼지기 시작했어요. 지은이가 누군지 잘 알려지지 않은 한글 소설은 특히 양반 여성들에게 많이 읽혔지요.

『홍길동전』, 『춘향전』, 『흥부전』, 『장화홍련전』 등은 당시 최고의 인기 소설이었어요. 허균의 『홍길동전』은 서얼 차별을 비판하며 백성의 사랑을 받았어요. 또, 『춘향전』은 기생의 딸 춘향과 양반집 아들인 이몽룡의 신분을 뛰어넘은 사랑을 그려 당시 큰 인기를 얻었지요.

시조는 원래 양반들이 짓고 즐기던 시였어요. 그러나 조선 후기에는 중인과 일반 백성뿐만 아니라 노비 가운데서도 시조를 짓는 사람들이 나타났어요.

기생 잔치나 술자리에서 노래나 춤 등으로 흥을 돋우는 것을 직업으로 하는 여자.
시조 고려 말기부터 발달하여 온 우리나라 고유의 시로, 일정한 규칙에 맞추어 지음.

> 개를 십여 마리나 기르되 이 개처럼 얄미운 놈이 있겠느냐.
> 미운 님이 오면 꼬리를 홰홰 치며 올려 뛰고 내리뛰며 반겨서 내닫고, 고운 님이 오면 뒷발을 버티고 서서 물러났다 나아갔다 하며 캉캉 짖어서 돌아가게 한다.
> 밥이 많이 남아서 쉰밥이 그릇그릇 쌓여도 너에게 먹일 성 싶으냐.

이 시조는 임을 기다리는 안타까운 마음을 나타낸 사설시조예요.

사설시조는 양반들이 즐기던 시조보다 자유로운 방식으로 서민의 감정을 솔직하게 드러냈어요. 남녀 간의 사랑이나 힘든 현실을 비판하는 내용이 주를 이루었지요. 사설시조의 작가 역시 알려지지 않은 경우가 많았어요.

Q1 반짝퀴즈

조선 후기 『홍길동전』, 『춘향전』 같은 □□ □□이/가 서민에게 널리 퍼졌다.

□ □ □ □

하회 별신굿 탈놀이
경상북도 안동의 하회 마을에서 전해시는 탈놀이에요. 점잖은 척하면서 뒤로는 나쁜 짓을 하는 양반과 승려를 비꼬는 내용을 다루고 있어요. 놀이에 사용하는 탈 중 일부는 나라의 보물인 무형유산으로 정해져 그 가치를 인정받고 있어요.

하회 별신굿 탈놀이

사대부 벼슬이나 대대로 신분이 높은 집안의 사람.
비꼬다 남의 마음에 거슬릴 정도로 빈정거리다.

탈놀이와 판소리가 인기를 끌다

장터에 사람들이 구름 떼처럼 모였어요. 우스꽝스러운 탈을 쓴 채 몸을 움직이며 하는 탈놀이를 보기 위해서예요.

탈놀이는 탈을 쓰고 하는 연극이나 춤을 말해요. 주로 명절에 사람들이 많이 모이는 곳이나 장터 등에서 공연되었지요.

양반: 나는 사대부의 자손일세.

선비: 뭐라고? 사대부? 나는 팔대부의 자손일세. 팔대부는 사대부의 두 배이지.

탈놀이는 양반이나 승려들을 비꼬거나 서민의 어려운 생활을 드러내는 내용이 많았어요. 탈을 쓰고 하는 연극이라 보다 쉽게 속마음을 털어놓을 수 있기 때문이에요. 탈놀이를 보며 서민은 속 시원한 웃음을 짓거나 보는 사람과 서로의 생각을 솔직하게 나누며 답답한

마음을 풀기도 했지요. '하회 별신굿 탈놀이'는 당시 가장 인기 있던 탈놀이 중 하나였어요.

서민이 즐겼던 공연에는 판소리도 있었어요. 판소리는 소리꾼이 북을 치는 고수의 장단에 맞춰 대사와 노래, 몸짓으로 이야기를 표현하는 음악극이에요.

"보인다 보여, 내가 눈을 떴네. 내가 눈을 떴어. 청아!"

소리꾼은 판소리를 하면서 즉흥적으로 이야기의 내용을 빼거나 더해 재미를 주었어요. 그러면 구경꾼들도 "얼씨구, 좋지, 잘한다, 그렇지." 하는 추임새를 하며 판소리에 참여했지요.

처음에 판소리는 백성이 즐기던 공연이었지만 재미있다는 소문이 퍼지면서 점차 양반들도 흥미를 갖게 되었어요. 양반들은 소리꾼을 집으로 불러 판소리를 즐겼답니다.

판소리는 원래 열두 마당이 있었는데 현재는 〈춘향가〉, 〈심청가〉, 〈흥부가〉, 〈적벽가〉, 〈수궁가〉의 다섯 마당만 전해지고 있어요.

장단 춤, 노래 등의 빠르기나 가락을 주도하는 박자.
추임새 판소리에서 소리꾼이 노래를 부르는 사이사이에 흥을 돋우기 위하여 넣는 소리.
마당 판소리나 탈놀이 등의 단락을 세는 단위.
적벽가 『삼국지연의』의 적벽전을 바탕으로 한 판소리.
수궁가 『토끼전』을 바탕으로 한 판소리.

Q2 반짝퀴즈

□을/를 쓰고 하는 탈놀이는 양반과 승려를 비꼬거나 서민의 어려움을 드러내는 내용이 많았다.

한글 소설 · 사설시조 · 탈놀이 · 판소리

- 한글을 익힌 서민이 늘고 이야기꾼이 등장하며 『홍길동전』, 『춘향전』 등의 한글 소설이 널리 퍼졌다.
- 사설시조는 자유로운 형식으로 서민의 감정을 솔직하게 드러냈다.
- 탈놀이는 탈을 쓰고 하는 연극이나 춤을 말하는데, 양반이나 승려를 비꼬는 내용이 많았다.
- 판소리는 고수의 장단에 맞춰 대사, 몸짓, 노래 등으로 이야기를 표현하는 음악극이다.
- 현재 판소리 중 〈춘향가〉, 〈심청가〉, 〈흥부가〉, 〈적벽가〉, 〈수궁가〉의 다섯 마당만 전해진다.

1 다음 그림 속 서민 문화와 관련 있는 생활 모습은 무엇입니까? (   )

① 서민의 생활 모습을 그림으로 그렸다.
② 돈을 받고 사람들에게 책을 읽어 주었다.
③ 탈을 쓰고 양반이나 승려를 놀려 주는 연극을 했다.
④ 자유로운 형식으로 솔직한 감정을 다룬 시조를 지었다.
⑤ 사람들이 많이 모이는 곳에서 노래와 대사로 공연을 했다.

2 다음에서 설명하는 서민 문화는 무엇인지 쓰세요.

탈을 쓰고 하는 연극이나 춤으로 양반이나 승려를 비꼬거나 서민들의 어려운 생활을 드러내는 내용을 담고 있다.

(   )

41회 기출 응용

3 다음 (가)에 들어갈 내용을 보기에서 찾아 쓰세요. (   )

2주 5일 학습 끝!

붙임 딱지 붙여요.

보기 별신굿 판소리 사설시조 사물놀이

카드 세계사

조닌, 대중문화를 즐기다

우타가와 토요쿠니, 「가부키 연극」

조선 후기 백성이 서민 문화를 즐길 무렵 일본에서는 상인과 수공업자인 조닌들이 자신들만의 문화를 즐기기 시작했어요. 상공업의 발달로 생활에 여유가 생긴 조닌들은 노래와 춤, 연기가 합쳐진 공연인 '가부키'를 즐겼어요. 공연을 보려고 사람들이 구름처럼 모여들 만큼 인기가 많았대요. 밑그림이 그려진 나무 판에 물감을 발라 찍어 내는 판화 '우키요에'와 '하이쿠'라는 짧은 시 역시 유행했어요.

판화 나무, 수지, 금속, 돌과 같은 판에 그림을 새기고 색을 칠한 뒤, 종이나 천을 대고 찍어 낸 그림.

PART 3

세도 정치와 흥선 대원군의 개혁

조선 후기 세도 정치의 등장으로 백성의 삶이 어려워졌어요.
고통받던 백성은 난을 일으키는가 하면 새로운 종교에 기대기도 했지요.
조선 후기 세도 정치로 인한 사회적 혼란과
이를 바꾸기 위한 흥선 대원군의 개혁 정치에 대해 살펴봐요.

1725
탕평책 실시

1750
균역법 실시

1796
수원 화성 건설

1800
순조 즉위

1811
홍경래의 난

1860
동학 창시

1863
고종 즉위

1866
병인양요

1871
신미양요

1876
강화도 조약

1882
임오군란

1884
갑신정변

1894
동학 농민 운동

14
천주교와 동학은 어떻게
백성에게 퍼졌나요? _94쪽

15
흥선 대원군은 어떤
일을 했나요? _100쪽

11
3주

세도 정치는 어떻게 시작되었나요?

공부한 날짜: 월 일

천주교 박해
조선 후기에 들어온 천주교는 조선에서 눈엣가시였어요. 조선은 신분 사회인데, 천주교에서 모든 사람은 평등하다고 가르쳤기 때문이에요. 따라서 나라에서는 사회 질서를 어지럽힌다며 천주교인을 잡아들이기 시작했어요.
이웃한 다섯 집 중 한 집이 천주교를 믿으면 다섯 집 모두를 벌하자 사람들은 서로서로를 감시하기 시작했어요. 이로 인해 많은 천주교인이 죽임을 당했어요.

수렴청정 왕이 너무 어릴 경우, 어머니인 왕대비나 할머니인 대왕대비가 이를 도와 나랏일을 돌보던 일.
벽파 정순 왕후의 집안을 중심으로 한 붕당 세력으로, 정조의 아버지인 사도 세자의 죽음을 당연시했음.

세도 정치가 시작되다

"임금이 나이가 어리니 모든 나랏일은 내게 가지고 오시오."

정조가 갑자기 세상을 떠나고 나이 어린 순조가 왕이 되자 증조할머니인 정순 왕후가 수렴청정을 했어요. 정순 왕후는 힘을 얻자마자 관리의 대부분을 벽파 사람들로 채웠는데, 이는 정순 왕후가 벽파 집안 출신이었기 때문이에요.

정순 왕후는 나라에 부족한 세금을 해결하기 위해 정조가 공들여 만든 규장각과 장용영을 없애고 공노비를 풀어 주었어요. 또 조선의 질서를 무너뜨린다는 이유로 천주교를 믿는 사람들을 마구 잡아들였는데, 이 중에는 정조의 신하인 정약용도 있었어요.

3년 후 정순 왕후의 수렴청정이 끝나자 순조는 누구보다 강한 왕권을 세우고 싶었어요. 하지만 어떻게 해야 할지 몰랐지요. 그래서 장인이었던 김조순에게 도움을 요청했어요.

"나라를 잘 다스릴 수 있도록 장인께서 좀 도와주시오."

순조로 인해 갑자기 힘을 얻게 된 김조순은 나라 안 온갖 높은 자리에 자신의 집안인 안동 김씨 사람들을 앉히고 나랏일을 마음대로 처리했어요. 그리하여 왕실과 혼인 관계를 맺은 가문이 나랏일을 독점하는 세도 정치가 시작되었어요.

안동 김씨 가문의 힘이 점점 커지자 사람들은 관직을 얻기 위해 어떻게든 안동 김씨 가문에 잘 보여야만 했어요. 그래서 안동 김씨 가문에 뇌물을 바치는 일도 생겨났지요.

"제 작은 성의입니다. 이거 받으시고 잘 좀 부탁드립니다."

이렇게 뇌물을 바치고 관직을 얻은 관리들은 관리가 되자마자 자신이 관직을 얻기 위해 뇌물로 쓴 돈을 되찾으려 했어요. 그래서 백성에게 엄청난 세금을 걷었고 이로 인해 백성의 삶은 이전보다 더욱 어려워지기 시작했어요.

공노비 관청에 속한 노비.
장인 아내의 아버지.
가문 가족 또는 가까운 일가로 이루어진 집단.
독점하다 혼자 모두 차지하다.
세도 정치상의 권력과 세력을 마구 휘두르는 일.
뇌물 이득을 얻기 위해 힘을 가진 사람에게 몰래 돈이나 물건을 주는 일.

반짝퀴즈 Q1

조선 후기 순조의 장인인 □□□와/과 안동 김씨에 의해 세도 정치가 시작되었다.

□□□

조정 임금이 신하들과 나랏일을 의논하거나 결정하는 곳.
왕위 임금의 자리.
왕족 임금의 가족.
전하 조선 시대에 왕을 높여 부르던 말.

강화 도령이 왕이 되다

순조가 죽자 헌종이 여덟 살의 나이로 왕이 되었어요. 할머니인 순원 왕후가 수렴청정을 시작하자 순원 왕후의 집안인 안동 김씨 가문은 계속해서 권력을 휘둘렀어요.

헌종이 열다섯 살 되던 해, 수렴청정이 끝나고 직접 나라를 다스리게 되었지만 이번에는 어머니 신정 왕후의 가문인 풍양 조씨가 권력을 잡고 흔들었어요. 풍양 조씨와 안동 김씨로 가득찬 조정에서 헌종은 아무 일도 할 수 없었어요. 결국 스물세 살의 젊은 나이로 일찍 눈을 감게 되었지요.

"어허, 이거 큰일이군. 누가 다음 왕위를 이으려나?"

안동 김씨들은 왕실 족보를 샅샅이 뒤져 강화도에 사는 왕족 이원범을 찾아냈어요. 그리고 이원범에게 왕위를 잇게 하기로 했지요.

"전하, 부디 이 나라 조선의 왕이 되어 주시옵소서."

"예? 제가 조선의 왕이라고요?"

자신이 왕족이라는 사실조차 모르고 살던 강화도의 농부 이원범은 하루아침에 조선의 왕 철종이 되었어요. 사람들은 이렇게 왕이 된 철종을 낮잡아 '강화 도령'이라고 불렀어요.

철종은 왕이 되기 위한 교육을 받지 않았기 때문에 스스로 정치를 할 수 없었어요. 그래서 철종을 대신하여 순원 왕후가 수렴청정을 하게 되었고 안동 김씨는 계속해서 권력을 이어 갔지요.

순조부터 헌종까지의 왕비 역시 모두 안동 김씨 집안에서 나왔어요. 물론 여기에는 안동 김씨 가문의 입김이 작용했지요. 왕과 왕비까지 마음대로 결정하는 안동 김씨 가문의 권력은 막을 수 없을 만큼 커졌어요. 안동 김씨 가문을 비판하는 사람은 먼 곳으로 귀양을 가거나 죽임을 당했기 때문에 아무도 안동 김씨 가문에 반항하지 못했어요. 이로 인해 조선의 정치는 점점 병들어 갔지요.

도령 총각의 높임말.
입김 다른 사람에게 행사하는 영향력.
작용하다 어떠한 현상을 일으키거나 영향을 미치다.
반항하다 맞서거나 반대하다.

Q2 반짝퀴즈

헌종이 죽자 안동 김씨 가문에 의해 강화 도령 이원범이 조선의 왕 □□이/가 되었다.

조선 후기 세도 정치의 시작

- 순조 때 김조순의 가문인 안동 김씨 가문이 권력을 잡으면서 세도 정치가 시작되었다.
- 관리들은 안동 김씨를 비롯한 세도 가문에 뇌물을 주고 벼슬을 샀다.
- 부정한 방법으로 관직을 산 관리들이 가혹하게 세금을 걷으며 백성의 삶이 더 어려워졌다.
- 순조 때부터 철종 때까지 안동 김씨와 풍양 조씨가 권력을 잡고 나랏일을 마음대로 하였다.
- 안동 김씨 가문의 세력이 점점 세지자 조선의 정치가 병들어 갔다.

1 다음 빈칸에 들어갈 말을 쓰세요.

순조 때부터 김조순을 비롯한 안동 김씨 세력이 권력을 독점하며 □□ □□이/가 시작되었다.

( )

2 다음 시기에 일어난 정치의 문제점을 골라 ○표 하세요.

순조 (1800~1834년) ➡ 헌종 (1834~1849년) ➡ 철종 (1849~1863년)

(1) 능력 있고 실력 있는 사람이 벼슬에 임명되었다. ( )

(2) 높은 벼슬을 차지한 사람들이 자신보다 백성의 이익을 앞세웠다. ( )

(3) 뇌물을 바치고 벼슬을 얻은 관리들이 백성에게 마음대로 세금을 거두었다. ( )

44회 기출 응용

3 **다음 대화와 관련 깊은 조선 후기의 문제점은 무엇입니까? (　　　　　)**

① 세도 정치　② 왕권 강화　③ 서학의 전래
④ 외적의 침입　⑤ 양반 수의 증가

3주 1일 학습 끝!

붙임 딱지 붙여요.

카드 세계사

나폴레옹, 프랑스 황제가 되다

다비드, 「나폴레옹 1세의 대관식」

조선에서 왕실과 혼인 관계를 맺은 가문들이 세도 정치를 펼칠 무렵 프랑스에는 나폴레옹이라는 군인이 나타나 유럽에 프랑스 혁명의 가치인 자유와 평등을 전했어요. 나폴레옹은 오스트리아, 이탈리아, 이집트와의 전쟁에서 승승장구하며 국민들에게 인기가 높았지요. 얼마 뒤 나폴레옹은 국민들의 열렬한 지지를 받으며 황제의 자리에까지 올랐어요.

승승장구 싸움에서 이긴 형세를 타고 계속 몰아침.
지지 어떤 사람이나 단체의 의견에 찬성하여 이를 위하여 힘을 씀.

12
3주

세도 정치 시기 백성은 어떤 고통을 겪었나요?

공부한 날짜: 월 일

문란 도덕, 질서, 규범 등을 지키지 않아 어지러운 상태.
현령 신라 시대부터 조선 시대까지 둔, 현(縣)을 다스리던 지방 관리.
관찰사 조선 시대에 각 도읍을 다스리던 지방 관리. 그 지방의 재판을 할 수 있는 권리, 세금을 걷을 수 있는 권리 등 절대적인 권한을 가졌음.

억울한 세금이 늘어나다

조선 후기 나라 살림의 바탕이 되는 세금에는 땅에 매기는 전정, 군역의 의무 대신 내는 군정, 나라로부터 빌린 곡식에 매기는 환곡이 있었어요. 이 세 가지를 합쳐 삼정이라고 해요. 세도 정치 시기에는 이 삼정의 질서가 무너져 백성이 큰 고통을 받았어요. 이를 '삼정의 문란'이라고 하지요.

"벼슬을 사느라 재산을 반이나 썼네. 이제 세금 좀 걷어 볼까?"

"관직에 오르느라 쓴 돈을 되찾으려면 백성에게 세금을 더 많이 걷어야겠어."

당시 세도 가문은 작은 고을의 현령은 5천 냥, 큰 고을의 수령은 3만 냥, 관찰사는 5만 냥 하는 식으로 벼슬을 사고팔았어요. 이렇게 관리가 된 사람은 벼슬을 사느라 바친 돈을 되찾기 위해 악착같이 세금을 거두었기 때문에 백성의 고통은 이루 말할 수 없을 정도였어요.

백성은 가을에 추수를 해도 세금을 내고 나면 겨울을 버틸 식량조차 남기기 어려웠어요.

"어휴, 이놈의 세금! 내도 내도 끝이 없네."

"농사를 짓는데도 해마다 겨울에 먹을 식량조차 없는지."

백성은 대부분 농민이었어요. 그래서 삼정 중 땅에 매기는 세금인 전정은 탐관오리들이 큰돈을 거두기에 아주 좋은 대상이었어요.

"정해진 세금보다 훨씬 세금이 많이 나왔잖소."

"아니, 농사를 지을 수도 없는 땅에 세금을 내라니요?"

탐관오리들은 정해진 세금보다 많은 돈을 거두거나 농사를 짓지 못하는 황무지에도 세금을 매겼어요. 또 주인이 없는 빈 땅에 세금을 매기는가 하면 토지 대장에도 없는 땅에 세금을 매겨 가짜 세금을 만들어 냈지요. 내야 할 세금이 점점 늘어나 살기 어려워진 백성은 멀리 도망을 가거나 잘못된 제도에 맞서기도 했어요.

추수 가을에 익은 곡식을 거두어들임.
탐관오리 '貪(탐낼 **탐**)', '官(벼슬 **관**)', '汚(더러울 **오**)', '吏(벼슬아치 **리**)'가 합쳐진 말로, 백성의 재물을 탐내어 빼앗는 행실이 깨끗하지 못한 관리.
황무지 개발되지 않은 땅.
토지 대장 토지에 관한 장부.

Q1 반짝퀴즈

세도 정치 시기에는 세금 제도인 전정, 군정, 환곡의 질서가 무너지며 □□의 문란이 문제가 되었다.

□□

정약용의 『목민심서』에 나타난 환곡의 피해
'…내가 다산에서 창고로 가는 길을 내려다보기를 이제 10년인데, 시골 백성이 곡식을 받아 짊어지고 지나가는 것을 본 일이 없다. 한 톨의 곡식도 일찍이 받아 온 일이 없는데도, 겨울이 되면 집집마다 곡식 5~7석을 내어 관청의 창고에 바치는데…'

균역법 조선 영조 때 백성의 세금 부담을 줄이기 위하여 만든 세금 제도.
피폐해지다 지치고 쇠약해지다.

군정과 환곡이 백성을 괴롭히다

조선 시대에 열여섯 살 이상의 남자는 모두 군대에 가야 했어요. 하지만 군포를 내면 가지 않아도 되는 군역이라는 제도가 있었지요. 영조 때 균역법이 시행되며 기존에 두 필씩 내던 군포를 한 필만 내면 되어 백성의 부담이 줄었어요.

그러나 조선 후기, 양반의 수가 늘고 평민은 줄어들면서 가난한 백성의 부담이 크게 늘어나는 상황이 발생했어요.

"헤헤, 나는 양반 신분을 샀으니 군포를 안 내도 된다네."

"어휴, 돈 없고 가난한 평민인 것이 억울하다, 억울해!"

무거운 세금을 피하려고 고향을 떠나 도망치는 백성이 많아지자 남아 있는 백성은 그 몫까지 부담해야 해 더욱 피해가 컸어요.

"사람이 줄었는데 마을에서 내야 하는 세금의 양은 그대로라니. 나도 도망치고 싶다."

탐관오리들은 어린아이와 죽은 사람의 군포까지 걷었어요. 나날이 늘어 가는 세금으로 백성의 삶은 피폐해졌지요.

한편 조선에는 가을에 추수한 쌀을 다 먹고 난 봄에 백성에게 곡식을 빌려주고 이자를 붙여 다시 가을에 돌려받는 환곡이라는 제도가 있었어요. 원래 가난한 농민을 구하기 위해 만들었는데 세도 정치 시기에 탐관오리들이 재산을 불리기 위해 악용하며 삼정 중 백성을 가장 괴롭히는 제도가 되었어요.

"겨와 모래가 섞인 쌀을 어찌 먹으라고 준 거요?"

"아니, 물에 불려 무게가 늘어난 쌀을 빌려주고 가을에 불리지 않은 쌀로 그만큼 갚으라고요?"

탐관오리들은 겨와 모래가 섞인 쌀이나 물에 불려 무게가 늘어난 쌀을 빌려주고 가을에는 여기에 이자를 붙여 더 많은 곡식을 돌려받았어요. 심지어 곡식이 필요 없는 사람에게도 억지로 빌려주고 이자를 붙여 돌려받았지요.

삼정의 문란으로 백성의 속은 부글부글 끓어올랐어요. 세도 가문과 탐관오리들에 대한 불만 역시 차곡차곡 쌓여 갔지요.

이자 남에게 돈을 빌려 쓴 대가로 치르는 돈.
악용하다 나쁘게 사용하다.
겨 벼, 보리, 조 등의 곡식을 찧어 벗겨 낸 껍질.
불리다 물에 젖게 해서 부피를 늘리다.

Q2 반짝퀴즈

세도 정치 시기 삼정의 문란 중에 가장 백성을 괴롭혔던 것은 □□(이)었다.

세도 정치 시기 삼정의 문란

- 세도 정치 시기에는 전정, 군정, 환곡의 질서가 무너지는 삼정의 문란이 심해졌다.
- 전정은 땅에 매기는 세금으로 백성은 여러 가지 명목으로 땅에 대한 세금을 내야 했다.
- 탐관오리들이 군정으로 어린아이와 죽은 사람의 군포까지 거두어 가며 백성의 고통이 커졌다.
- 원래 가난한 농민을 구제하기 위해 만든 환곡은 삼정 중에서 가장 백성을 괴롭혔다.

1 조선 후기 삼정에 대한 설명을 알맞게 선으로 이으세요.

(1) 전정 •	• ① 군역의 의무 대신 내는 세금.
(2) 군정 •	• ② 봄에 가난한 백성에게 곡식을 빌려준 후 가을에 돌려받는 제도.
(3) 환곡 •	• ③ 농사짓는 땅에 매기는 세금.

2 다음 시에 나타난 삼정의 종류를 쓰세요.

시아버지 상 끝나고 아인 아직 핏덩인데 삼대의 이름이 군적에 실렸구나.

가서 아무리 호소해도 문지기는 범과 같고 이정은 으르렁대며 외양간 소 끌고 가네.

( )

37회 기출 응용

3 **다음 ㈎에 들어갈 제도는 무엇입니까? (   )**

① 전정 ② 군정 ③ 환곡 ④ 대동법 ⑤ 균역법

3주 2일 학습 끝!

붙임 딱지 붙여요.

카드 세계사

청, 영국과 아편 전쟁을 벌이다

에드워드 던컨, 「중국 정크 함선 파괴」

조선 후기 백성이 삼정의 문란으로 고통받고 있을 무렵 청은 영국과 전쟁을 벌이고 있었어요. 영국이 청에 아편(마약)을 수출하자 청은 아편 2만 상자를 빼앗고 강하게 단속했어요. 영국은 이를 문제 삼아 전쟁을 일으켰는데 이것이 바로 아편 전쟁이에요. 전쟁에서 진 청은 난징에서 맺은 조약으로 막대한 배상금을 물고 자신들의 땅인 홍콩까지 내주게 되었지요.

조약 나라 간의 권리와 의무를 합의에 따라 법으로 정하는 일.
배상금 남에게 입힌 손해에 대해 물어 주는 돈.

13
3주

세도 정치 시기 농민들은 어떻게 저항했나요?

공부한 날짜: 월 일

홍경래의 난이 지닌 의의
홍경래의 난은 시작된 지 백여 일 만에 진압되었어요. 이전까지 백성은 나라나 관리가 잘못을 저질러도 그냥 참아야만 한다고 생각했어요. 하지만 홍경래의 난을 계기로 더 이상 불의를 보고 참지 않고 맞서 싸울 것을 다짐하게 되었지요. 홍경래의 난은 이후에 일어난 여러 농민들의 난에 영향을 주었답니다.

유민 일정한 거처 없이 이리저리 떠돌아다니는 백성.
그림의 떡 마음에 들어도 이용하거나 차지할 수 없음.
부패하다 정치, 사상, 생각 등이 잘못된 길로 빠지다.

홍경래, 난을 일으키다

조선 시대에 평안도 지역은 다른 지역에 비해 차별을 받았어요. 평안도 사람들을 고려의 유민이라고 하여 천하게 여겼기 때문이에요. 이로 인해 평안도 사람들은 높은 관직에 오를 수 없었고 다른 지역 사람들에게도 무시를 받았지요.

"과거를 잘 보면 뭐 하나? 높은 벼슬은 그림의 떡인 것을."

한편 나라에서는 평안도 지역이 다른 지역에 비해 경제적으로 더 부유하다는 이유로 세금을 가혹하게 거두었어요. 온갖 차별을 받으면서 세금은 더 많이 내야 하니 평안도 사람들은 부패한 관리와 조정에 대한 불만이 컸지요.

"평안도라며 그렇게 무시를 하면서 세금은 왜 더 거둬 가는 거야?"

"먹고살기 힘든데 세금까지 많이 내라니 너무 힘들다."

몰락한 양반이었던 홍경래는 세도 정치 아래 평안도 백성이 무거운 세금과 지역 차별로 인해 고통받는 것을 보았어요. 그래서 이를 바로잡기로 결심하고 자신을 따르는 무리와 함께 난을 일으켰지요(1811년).

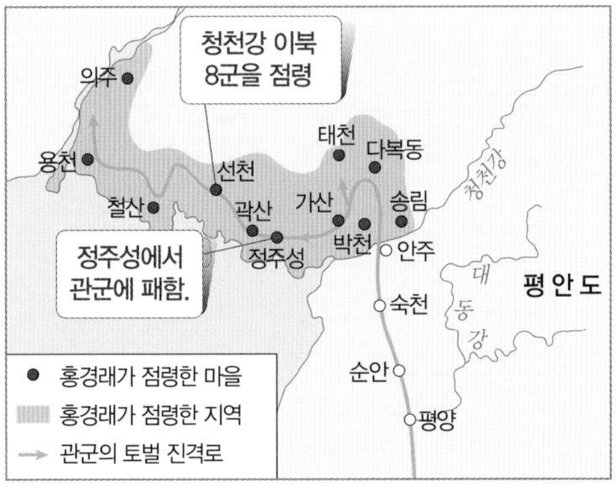

홍경래의 난 전개 과정

"모두 일어나 세도 정치 아래 고통받는 백성을 구합시다!"

홍경래의 난에는 몰락한 양반, 농민, 중소 상인, 광산 노동자 등 다양한 백성이 참여했어요. 홍경래의 군대는 백성의 뜨거운 환영을 받으며 평안도 지역을 빠르게 점령했지요. 이 소식을 들은 조정에서는 즉시 관군을 보내 난을 진압하기로 했어요. 정주성에서 관군과 맞붙은 홍경래의 군대는 백여 일간 버티며 싸웠지만 끝내 패했어요. 비록 난은 실패했지만 이를 통해 많은 농민은 부조리에 맞서 싸울 수 있는 자신감을 얻게 되었지요.

몰락하다 재물이나 세력 등이 쇠하여 보잘것없이 되다.
중소 규모나 수준이 중간 정도 또는 그 이하인 것.
점령하다 군대가 적의 땅에 들어가 그 지역을 차지하다.
진압하다 강압적인 힘으로 억눌러 진정시키다.
부조리 이치에 맞지 않거나 도리에 어긋난 일.

반짝퀴즈 Q1

□□□은/는 평안도 지역에 대한 차별과 부패한 세도 정치를 비판하며 난을 일으켰다.

박규수와 삼정이정청

전국에서 농민 봉기가 일어나자 조정은 관리 박규수를 진주로 내려보냈어요. 박규수는 조사를 통해 그동안 백낙신이 백성을 괴롭히고 세금을 빼돌렸다는 사실을 밝혀냈지요. 세금 제도를 고쳐야 한다고 생각한 박규수는 조정에 '삼정이정청'이라는 기관을 둘 것을 건의했어요. 삼정이정청은 삼정의 문란을 바로잡기 위한 기관이었지요. 그러나 여러 관리와 양반의 반대로 받아들여지지 않았어요.

박규수

진주에서 농민들이 일어나다

홍경래의 난 이후에도 탐관오리의 부패가 계속되자 전국에서 농민이 들고일어났어요. 진주 농민 봉기도 그중 하나였어요.

당시 진주에는 안동 김씨 가문에 뇌물을 바치고 관리가 된 백낙신이라는 사람이 있었어요. 백낙신은 재산을 불리기 위해 백성에게 세금을 가혹하게 거두었어요. 아무리 허리띠를 졸라매도 세금을 내고 나면 항상 굶주림에 시달리니 백성은 불만이 많았지요.

"어르신, 정말 못살겠습니다. 아니 또 세금을 내라니요? 이제 우리 식구들은 모두 굶어 죽습니다."

"다음 달 초 읍내에 장이 서니 거기서 사람들을 모아 움직여 보세."

1862년, 몰락한 양반 유계춘과 나무꾼 이계열 등은 백성을 이끌고 진주 읍내에 모였어요. 흰 수건을 두르고 몽둥이로 무장한 이들은 관아로 몰려가 백낙신을 사로잡았지요.

"얼마 전 세금을 냈는데 또 걷는 이유가 무엇이오?"

"당신이 거둔 세금이 다 백성의 피와 땀인 걸 아시오?"

진주 백성은 백낙신의 죄를 따져 묻고 빼앗아 간 곡식들을 사람들에게 나누어 준 후 스스로 흩어졌어요. 이 소식은 금세 이웃 마을로 전해졌지요.

"진주 사람들도 일어났는데, 우리라고 못할 게 뭐야! 우리도 일어나자!"

진주 농민 봉기를 계기로 경상도, 전라도, 충청도뿐만 아니라 황해도와 함경도, 제주도의 백성까지 들고일어났어요. 농민들은 더 이상 관리들의 횡포를 두고 보지 않았어요. 계속해서 농민들이 들고일어나자 나라에서는 각 지방에 관리를 보내 세금 제도를 고치겠다고 약속했지만 이는 지켜지지 않았어요.

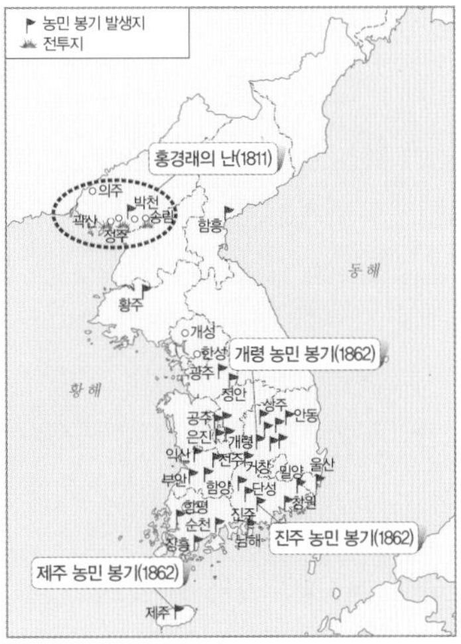

조선 후기 농민 봉기

무장하다 전투 장비를 갖추다.
관아 예전에 벼슬아치들이 모여 나랏일을 처리하던 곳.
계기 어떤 일이 일어나거나 변화하도록 만드는 결정적인 원인이나 기회.
횡포 몹시 난폭하게 굶.

Q2 반짝퀴즈

세도 정치 시기 백낙신의 부정부패에 맞서 □□(에)서 일어난 농민 봉기는 전국 각지로 퍼져 나갔다.

세도 정치 시기 농민의 저항

- 몰락한 양반 홍경래는 세도 정치와 평안도 지역 차별에 반대하며 난을 일으켰다(1811년).
- 홍경래의 난은 실패했지만 이후에 일어난 여러 농민 봉기에 영향을 주었다.
- 진주에서 관리 백낙신이 부정부패를 일삼자 화가 난 농민들이 봉기를 일으켰다(1862년).
- 진주 농민 봉기의 영향으로 전국 각지에서 농민 봉기가 잇따랐다.
- 조정에서는 세금 제도를 고치겠다고 약속했으나 지켜지지 않았다.

1 **다음 지도의 지역에서 난이 일어난 원인은 무엇입니까? (　　　　　)**

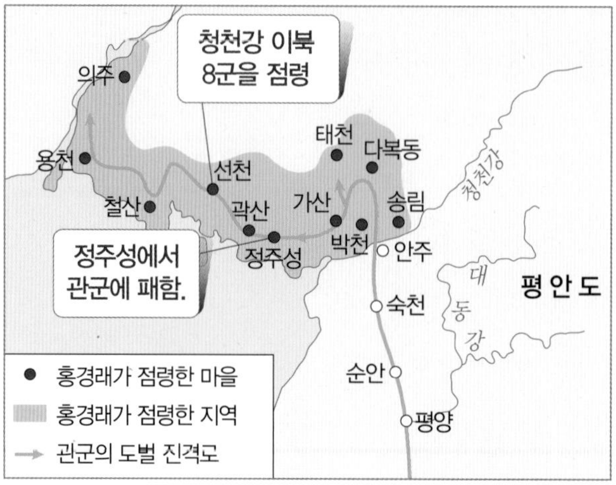

홍경래의 난 전개 과정

① 규장각의 설치
② 붕당 간의 다툼
③ 성리학의 영향력 확대
④ 평안도 지역에 대한 차별
⑤ 향·소·부곡에 대한 차별

2 **다음 지도를 통해 알 수 있는 홍경래의 난의 의의는 무엇입니까? (　　　　　)**

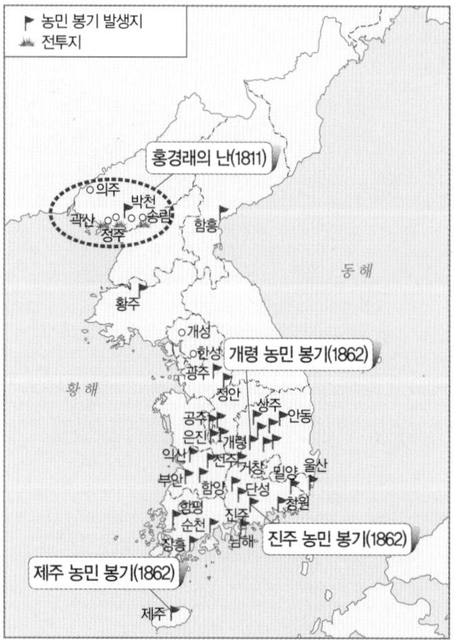

조선 후기 농민 봉기

① 신분제가 폐지되는 계기가 되었다.
② 여성의 지위가 한층 올라가게 되었다.
③ 조선 시대 최초로 천민이 일으킨 난이었다.
④ 세금 제도가 고쳐져 백성의 고통이 줄어들었다.
⑤ 많은 농민이 부조리에 맞서 싸울 수 있는 자신감을 얻게 되었다.

40회 기출 응용

3 **다음 진주 농민 봉기가 일어난 원인은 무엇입니까? (   )**

진주 농민 항쟁 기념탑

붙임 딱지 붙여요.

① 붕당 정치 ② 환곡 설치 ③ 남녀 차별
④ 관리의 부정부패 ⑤ 상품 작물의 재배

카드 세계사

세도 정치 아래 농민들이 봉기를 일으킬 무렵 청에서는 태평천국 운동이 일어났어요. 이 운동을 일으킨 홍수전은 지상 천국인 태평천국을 세워 모든 사람이 평등하게 땅을 나누고 전족 같은 악습을 없애자고 주장하였어요.
태평천국 운동은 한때 청의 수도인 베이징을 위협할 정도로 그 세력이 커졌으나 청과 서양 세력이 이끄는 군대의 공격으로 실패하고 말았어요.

전족 어릴 때부터 발가락을 헝겊으로 동여매어 자라지 못하게 하는 것.
악습 나쁜 습관.

14 3주

천주교와 동학은 어떻게 백성에게 퍼졌나요?

공부한 날짜: 월 일

『천주실의』
선교사 마테오 리치가 동양에 천주교를 소개하기 위해 펴낸 책이에요.
중국 선비와 서양 선비의 대화 형식으로 천주교의 교리(종교적 이치)를 전하고 있어요. 처음 한문으로 쓰여진 책을 18세기 우리나라에서 한글로 번역하였어요.

마테오 리치

누구나 평등한 세상을 꿈꾸다

세도 정치 시기 백성은 관리들의 부정부패 때문에 큰 고통을 겪었어요. 엎친 데 덮친 격으로 나라에 홍수와 가뭄이 일어나고 전염병까지 돌며 백성의 생활은 더욱 어려워졌지요. 먹고살기 힘들어진 백성은 살던 곳을 버리고 여기저기 떠돌거나 스스로 노비가 되었어요. 한편 가난한 백성도 잘살 수 있는 새로운 세상이 오기만을 바랐지요.

"곧 조선이 망하고 정 도령이 계룡산에서 새 나라를 세울 거래."

"그래? 난 미륵불이 내려와 백성을 구한다는 소문을 들었는데?"

백성 사이에서는 『정감록』이나 미륵불을 믿는 신앙이 널리 퍼졌어요. 매일 살아가는 현실이 고달팠기에 미래에는 행복해질 수 있다는 예언을 믿고 싶었던 거예요.

나라에 대한 불만이 커지는 가운데 백성 사이에서는 천주교를 믿는 사람이 빠르게 늘어났어요. 처음 천주교가 우리나라에 전해졌을 때에는 『천주실의』라는 책을 통해 서학이라는 학문으로 연구되었어요. 그러던 중 정조 때 이승훈이 청에 가서 최초로 세례를 받고 돌아온 후 천주교를 전하기 시작했어요. 얼마 후 천주교는 백성 사이에 신앙으로 널리 퍼지게 되었지요.

"천주님 앞에서는 양반과 상민, 노비가 모두 평등하다네."

조선에서 늘 차별받던 중인이나 평민, 노비, 여자들에게 천주교의 가르침은 귀가 번쩍 뜨이는 반가운 소리였어요. 하지만 유교를 목숨처럼 따르던 양반들에게 이것은 받아들일 수 없는 것이었어요.

"반상의 질서가 엄연히 다르거늘 어떻게 감히 그런 소리를!"

나라에서는 최초의 천주교 신부 김대건을 비롯해 이승훈과 정약종 등 수많은 천주교인을 잡아들였어요. 그러나 이러한 억압에도 백성 사이에서는 천주교가 들불처럼 퍼져 나갔지요.

미륵불 석가모니 다음으로 세상에 와 어려운 사람들을 구원하는 부처.
정감록 이씨 조선이 망하고 정 도령이 새로운 나라를 세운다는 내용이 담긴 책.
신앙 믿고 받드는 일.
세례 천주교에 정식으로 신자가 되어 처음 치르는 행사.
반상 양반과 일반 백성.
들불 들에서 타는 불.

Q1 반짝퀴즈

□□□은/는 처음에 서학이라는 학문으로 연구되었으나 점차 백성 사이에 널리 퍼졌다.

최제우, 동학을 세우다

최제우

경주의 몰락한 양반이었던 최제우는 당시 조선 사회의 모습을 눈여겨보고 있었어요. 백성은 더 이상 가난할 수 없을 만큼 가난했고 관리들은 백성을 괴롭히고 가진 것을 빼앗는 데만 관심이 있었지요. 또한 유교는 지켜야 할 도리만 앞세웠기 때문에 지친 백성의 마음을 달래기엔 역부족이었어요. 그 가운데 천주교는 백성의 마음을 어루만지며 사람들 사이에 빠르게 퍼져 나가고 있었지요.

'천주교는 조선의 전통에 맞지 않아. 조선에 맞는 종교가 필요하다.'

얼마 뒤 최제우는 유교와 불교, 도교뿐만 아니라 서학의 좋은 점을 받아들여 서학에 맞선다는 뜻의 동학을 창시했어요.

"사람이 하늘이다. 사람을 섬기는 것은 한울님을 섬기는 것이다."

동학은 인내천(人乃天), 즉 '사람이 곧 하늘'이라는 생각을 가지고

후천개벽(後天開闢) 사상
동학에서는 지금 세상이 끝나고 백성이 바라는 새 세상이 열릴 것이라고 주장했는데, 이를 후천개벽(後天開闢) 사상이라고 해요.
백성은 이 후천개벽 사상을 통해 모든 사람들이 차별 없이 평등하고 행복하게 사는 세상을 꿈꿨어요.

도교 신선 사상을 기반으로 여러 신앙 요소들을 받아들여 만들어진 종교.

한울님이라는 상제를 신으로 모셨어요. 동학에서는 모든 사람의 마음속에 한울님이 있으므로 신분과 관계없이 누구나 소중한 존재라고 사람들에게 가르쳤지요. 이러한 가르침은 탐관오리들에게 모든 것을 빼앗기며 살던 백성의 마음에 큰 위안이 되었어요.

서양 세력으로부터 전통을 지키고 고통받는 백성을 구하려 한 동학은 사람들 사이에 빠르게 전해졌어요. 하지만 신분 질서가 엄격했던 조선에서는 동학 역시 천주교처럼 받아들일 수 없는 종교였어요.

"최제우라는 자가 모든 사람은 평등하다고 떠들고 다닙니다."

"뭐야? 말도 안 되는 소리! 당장 잡아들여!"

나라에서는 동학이 세상을 어지럽힌다고 하여 교주인 최제우를 처형하고 동학을 금지했어요. 그러나 이후에도 2대 교주인 최시형은 농촌에 숨어서 계속 동학을 전했고 그 결과 점차 백성의 생활 속에 뿌리내리게 되었지요.

창시하다 어떤 사상 등을 처음 시작하거나 내세우다.
인내천 사람이 곧 한울이라는 동학의 기본 가르침.
상제 우주를 만들었고 모든 곳에 있다는 절대자. 하느님.
위안 위로하며 편하게 함.
교주 종교 단체의 우두머리.
처형하다 형벌에 처하다.

반짝퀴즈 Q2

□□□은/는 서학에 맞선다는 뜻의 동학을 창시했다.

조선 후기 천주교와 동학의 전파

- 세도 정치 시기 삶이 힘든 백성 사이에 『정감록』, 미륵불 신앙 등이 유행했다.
- 천주교는 처음에 서학이라는 학문으로 연구되다가 신앙으로 널리 퍼졌다.
- 천주교는 모든 사람은 평등하다는 사상을 중심으로 점차 백성 사이에 빠르게 전해졌다.
- 최제우가 창시한 동학은 인내천 사상과 후천개벽 사상을 중심으로 빠르게 퍼졌다.
- 나라에서는 천주교와 동학이 조선의 신분 질서와 전통을 부정한다는 이유로 금지했다.

1 다음 ㈎~㈐를 천주교의 전파 과정에 맞게 순서대로 기호를 쓰세요.

㈎ 중국에 갔던 사신을 통해 조선에 『천주실의』가 전해졌다.
㈏ 학자들이 천주교를 서학으로 받아들여 학문으로 연구했다.
㈐ 이승훈이 세례를 받고 돌아온 후 백성 사이에 널리 퍼졌다.

( ) ➡ ( ) ➡ ( )

2 다음 중 천주교와 동학의 공통점을 두 가지 고르세요. ( )

① 나라에서 금지하였다.
② 백성으로부터 환영을 받지 못했다.
③ 모든 사람이 평등하다고 생각하였다.
④ 서양에서 시작되어 우리나라에 들어왔다.
⑤ 우리 고유의 것을 지켜야 한다고 주장했다.

42회 기출 응용

3 다음 밑줄 친 '이 종교'는 무엇인지 쓰세요. (   )

3주 4일 학습 끝!
붙임 딱지 붙여요.

카드 세계사

크림 전쟁에 나간 영국군

나이팅게일

조선에 천주교와 동학이 퍼질 무렵, 유럽에서는 러시아가 그리스 정교회를 보호한다는 이유로 얼지 않는 항구를 차지하기 위해 오스만 제국과 전쟁을 벌였어요. 당시 유럽의 모든 나라는 러시아에 반대하며 전쟁에 참여했는데, 이를 크림 전쟁이라고 해요. 이 전쟁에서 간호사 나이팅게일은 의료 환경을 깨끗이 바꿔 다친 군인들이 회복하는 데 크게 기여했어요.

그리스 정교회 동로마 제국을 중심으로 발전한 기독교의 한 갈래.
기여하다 도움되게 하다.

15
3주

흥선 대원군은 어떤 일을 했나요?

공부한 날짜: 월 일

조선 시대의 서원
서원은 각 지방에서 유학자들에게 제사를 지내고 유학을 가르쳤던 곳이에요. 나라에서는 서원이 가진 땅에 매기는 세금을 없애 주고 노비와 건물을 짓고 수리하는 비용을 대주기도 했어요.
조선 후기 서원의 수가 점점 늘어나자 나라 살림에 부담을 주었어요. 또한 서원이 붕당의 근거지가 되고 백성을 괴롭히자 큰 문제가 되었지요.

소수 서원

위협하다 힘으로 협박하다.
대원군 왕위를 이은 임금의 친아버지에게 주던 벼슬.
개혁 제도나 기구 등을 새롭게 뜯어고침.

세도 가문을 몰아내고 서원을 정리하다

안동 김씨 가문은 자신들의 권력을 위협하는 사람이라면 누구든 없애 버리곤 했어요. 왕족이었던 흥선군 이하응은 일부러 미친 사람 인 척을 하며 이들의 눈에 띄지 않으려고 했지요. 그러면서도 한편으로는 신정 왕후와 친하게 지내며 조용히 힘을 기르고 있었어요. 그러던 어느 날, 갑자기 왕인 철종이 죽고 말았어요.

"흥선군의 둘째 아들을 왕으로 삼을 것이오."

신정 왕후는 흥선군의 둘째 아들을 왕으로 삼겠다고 발표했어요. 왕의 아버지인 흥선군은 곧 대원군의 지위에 올랐지요.

당시 왕이 된 고종은 나이가 열두 살밖에 되지 않았기 때문에 신정 왕후는 신하들에게 흥선 대원군과 나랏일을 의논하라고 명했어요. 큰 힘을 얻게 된 흥선 대원군은 곧 나라와 왕실을 바로 세우기 위한 개혁을 하나씩 실행해 나갔어요. 그 첫 번째는 바로 오랫동안 나라를 어지럽힌 세도 정치를 바로잡는 일이었어요.

흥선 대원군은 즉시 높은 관직을 차지하고 있던 안동 김씨 세력을 몰아내기 시작했어요. 그리고 그 자리에 왕족이나 능력이 뛰어난 인재들을 앉혔지요. 얼마 후 안동 김씨 세력은 60년이 넘는 긴 세도 정치를 마치고 권력 바깥으로 밀려나게 되었어요.

"전국에 있는 서원 중 제사를 모시는 데 합당한 47곳만 남기고 모두 정리하도록 하라."

서원은 학문이 높거나 충심이 뛰어난 조상의 제사를 지내고 지방의 인재를 기르던 조선 시대의 교육 기관이에요. 조선 후기로 갈수록 서원들이 부당하게 재산을 쌓는 등 문제를 일으키자 흥선 대원군은 일부 서원만 남기고 모두 정리할 것을 명하였어요. 그 소식을 듣고 화가 난 선비들이 한양으로 몰려와 이에 반대하는 시위를 벌였어요. 하지만 흥선 대원군은 꿈쩍도 하지 않았어요.

합당하다 어떤 기준이나 도리에 꼭 알맞다.
충심 충성스러운 마음.
시위 많은 사람이 의견을 표시하기 위해 모이거나 줄지어 걸으며 힘을 나타내는 일.

Q1 **반짝퀴즈**

흥선 대원군은 세도 정치를 몰아내고 □□을/를 정리하는 등 개혁 정치를 폈다.

□□

원납전과 당백전

흥선 대원군은 경복궁 공사 비용을 마련하려고 기부금인 원납전을 거두었어요. 관직의 높낮이에 따라 다르게 내던 원납전을 평민이 내면 벼슬을 주기도 하였지요.

그러나 해마다 기부금이 줄어 돈이 부족해지자 흥선 대원군은 상평통보 가치의 100배나 되는 당백전을 발행했어요. 갑자기 큰 액수의 돈이 시장에 풀리자 물가가 크게 오르기 시작했고 이로 인해 백성의 살림이 어려워졌어요.

당백전

삼정 조선 후기 세금 제도인 전정, 군정, 환곡.

호포제 조선 시대에 양반과 상민(평민)의 구분 없이 집(호)마다 군포(포)를 내도록 한 세금 제도.

사창제 조선 시대 각 지방 고을에서 어려운 백성에게 곡식을 빌려주었던 제도.

삼정을 개혁하고 경복궁을 다시 짓다

흥선군 시절부터 백성과 스스럼없이 어울리며 그들의 고통을 귀담아들었던 흥선 대원군은 여러 제도 중 가장 문제가 많았던 삼정을 개혁하기로 마음먹었어요. 먼저 땅을 다시 조사하여 양반들이 몰래 숨겨 놓고 세금을 내지 않는 땅에 세금을 매겼어요. 또, 호포제를 실시하여 양반도 군역의 의무를 지게 했지요.

"양반은 조선 사람이 아니더냐? 양반도 군포를 내도록 하라."

각 집 단위로 군포를 걷는 호포제에 따라 양반과 평민의 집은 동등하게 군포를 내야 했어요. 많은 양반이 여기에 반발했지만 흥선 대원군은 멈추지 않았어요.

한편 백성을 가장 괴롭혔던 환곡은 사창제로 바꾸었어요. 관에서 운영하던 환곡과 달리 사창제는 고을마다 곡식 창고를 마련해 두고 각 고을에서 이를 공동으로 운영하게 하는 제도였어요. 새로운 세금 제도로 생활이 안정되자 백성은 흥선 대원군을 열렬히 지지하게 되었어요.

흥선 대원군은 세도 정치로 무너진 왕실의 권위를 세우는 일에도 관심을 기울였어요. 이를 위해 임진왜란 때 불에 타서 폐허가 된 경복궁을 다시 고쳐 짓기로 결심했지요.

"경복궁을 새로 지어 왕실의 권위를 다시 세울 것이다!"

경복궁을 지으려면 막대한 돈이 필요했어요. 이를 위해 흥선 대원군은 기부금인 '원납전'을 거두었지요. 그러나 원납전으로도 돈이 부족하자 이번엔 '당백전'이라는 화폐를 새로 만들었어요. 당백전의 발행으로 물건 값이 크게 오르자 백성의 생활이 어려워지는 문제가 생겼어요. 또한 경복궁을 짓는 데 강제로 백성을 동원하면서 여기저기서 흥선 대원군을 원망하는 목소리도 높아졌지요.

기부금 누군가를 돕기 위해 대가 없이 내는 돈.
동원하다 어떤 목적을 이루기 위해 사람이나 물건, 수단, 방법 등을 집중하다.

Q2 반짝퀴즈

흥선 대원군은 경복궁을 고쳐 짓기 위해 기부금인 원납전을 걷고 □□□(이)라는 화폐를 만들었다.

☆흥선 대원군의 개혁 정치

- 안동 김씨 세력을 몰아내고 능력 있는 인재를 고루 등용하여 세도 정치를 끝내게 했다.
- 부패한 서원을 정리하여 나라의 재정을 늘리고 백성의 생활을 안정시켰다.
- 양반도 군포를 내는 호포제, 환곡을 개선한 사창제 등을 통해 삼정의 문란을 바로잡았다.
- 경복궁을 고쳐 짓는 과정에서 강제로 기부금을 걷고 화폐를 발행하였다.
- 경복궁을 짓는 데 백성을 강제로 동원하여 불만이 점점 높아졌다.

1 흥선 대원군이 다음과 같은 명을 내린 이유는 무엇입니까? (　　　　)

소수 서원

"전국에 있는 서원 중 제사를 모시는 데 합당한 47곳만 남기고 모두 정리하도록 하라."

① 안동 김씨에게 잘 보이기 위해서
② 국왕의 힘을 약하게 하기 위해서
③ 유교의 가르침을 실천하기 위해서
④ 신분에 대한 차별을 없애기 위해서
⑤ 서원의 문제점을 없애 백성을 돕기 위해서

2 다음 ㈎에 들어갈 궁궐의 이름을 쓰세요.

흥선 대원군은 왕실의 권위를 세우기 위해 [㈎]을/를 고쳐 지었다. 이 과정에서 강제로 기부금을 걷고 백성을 공사에 동원하여 불만을 사기도 했다.

(　　　　　　)

37회 기출 응용

3 **다음 (가)에 들어갈 제도로 알맞은 것을 <u>두 가지</u> 고르세요. (   )**

〈인물 탐구 보고서〉 △△ 모둠

흥선 대원군 이하응(1820~1898년)

- 시대: 조선
- 업적
  - 서원을 정리하였다.
  - 경복궁을 다시 지었다.
  - [(가)]을/를 시행하여 삼정의 문란을 바로잡았다.

흥선 대원군

① 사창제 ② 과거제 ③ 호포제 ④ 호패법 ⑤ 대동법

3주 5일 학습 끝!

붙임 딱지 붙여요.

카드 세계사

인도, 세포이 항쟁이 일어나다

세포이들

세포이 항쟁

흥선 대원군이 세도 정치에 맞서 개혁을 펼칠 무렵 인도에서는 최초의 민족 운동인 세포이 항쟁이 일어났어요. 동인도 회사의 인도인 병사였던 세포이들은 입에 닿는 탄약 포장지에 종교적인 이유로 먹지 않는 소와 돼지기름이 묻어 있다는 소문을 듣고 화가 나 영국과 전쟁을 벌였지요. 처음 인도 북부에서 시작된 이 전쟁은 2년간 이어지다가 결국 영국에 의해 진압되었어요.

민족 운동 식민지 상태에서 억압받는 민족이 지배 민족이나 나라에서 벗어나 독립하려는 운동.

PART 4

외세의 침입과 조선 사회의 변동

조선 후기 서양 세력의 끊임없는 통상 요구에 조선에서는
개항에 찬성하는 세력과 반대하는 세력이 충돌했어요.
운요호 사건이 일어나고 얼마 뒤 조선은 마침내 나라의 문을 활짝 열었어요.
조선의 개항 과정과 이로 인해 변화된 모습을 살펴봐요.

19

갑신정변이 실패한
원인은 무엇인가요? _126쪽

20

동학 농민 운동과 갑오개혁은
어떻게 일어났나요? _132쪽

1725
탕평책 실시

1750
균역법 실시

1796
수원 화성 건설

1800
순조 즉위

1811
홍경래의 난

1860
동학 창시

1863
고종 즉위

1866
병인양요

1871
신미양요

1876
강화도 조약

1882
임오군란

1884
갑신정변

1894
동학 농민 운동

16 4주 병인양요와 신미양요는 어떻게 일어났나요?

공부한 날짜: 월 일

『의궤』
『의궤』는 조선 왕실에서 치른 여러 가지 행사를 글과 그림으로 기록한 책이에요. 병인양요 당시 프랑스가 약탈해 간 외규장각 도서 중에는 『의궤』도 있었어요. 지난 2011년, 프랑스는 우리나라에 이것을 5년마다 다시 빌려주는 형식으로 돌려주었어요.

이양선 모양이 다른 배라는 뜻으로, 다른 나라의 배.
통상하다 나라들 사이에 서로 물건을 사고팔다.

프랑스가 조선에 쳐들어오다

이양선

"어라? 저 배는 뭐지?"

조선의 배와 모양이 다른 배 한 척이 바다에 떠 있어요. 서양의 배 이양선이에요. 영조 때 처음 조선 바다에 나타난 이 배는 순조 이후 더욱 자주 나타났어요. 이양선에 탄 서양 세력은 조선에 자신들과 통상할 것을 요구했지요.

조선은 이 요구를 거절했어요. 앞서 서양과 통상을 시작한 청이 이후 여러 가지 어려움에 처한 것을 보았기 때문이에요.

"영국과 청나라가 전쟁을 했는데 청나라가 졌다고 하는군."

"진 것도 모자라 엄청난 돈과 땅까지 내놓아야 한다지?"

청처럼 강한 나라가 전쟁에 졌다는 소식을 듣고 놀란 조선인들은 이후 서양을 더욱 멀리하게 되었어요.

그러던 어느 날, 흥선 대원군이 천주교인을 크게 탄압하는 병인박해가 일어났어요(1866년). 이 사건으로 조선인뿐만 아니라 많은 프랑스 선교사가 죽임을 당했지요. 그 소식을 들은 프랑스는 이에 대한 책임을 묻겠다며 군대를 앞세워 강화도에 쳐들어왔어요. 이를 '병인년에 일어난 난리'라는 뜻에서 병인양요라고 해요(1866년). 이 전쟁에는 조선과 통상을 하고자 하는 프랑스의 의도가 숨어 있었어요.

프랑스 군대의 침입 소식을 들은 조정에서는 양헌수 장군이 이끄는 부대를 강화도로 보내 이를 물리치게 했어요. 그리고 정족산성에서 큰 승리를 거두었지요.

"우리 프랑스군이 지다니. 빈손으로 돌아갈 수는 없다. 조선의 진귀한 보물을 모두 가지고 가자!"

전쟁에 패하고 자기네 나라로 돌아가던 프랑스군은 조선의 귀중한 책과 무기, 곡식 등을 약탈해 갔는데 『의궤』 역시 그중 하나였어요.

탄압하다 힘으로 억지로 눌러 꼼짝 못하게 하다.
의도 무엇을 하고자 하는 생각 또는 계획.
약탈하다 폭력을 써서 남의 것을 억지로 빼앗다.

반짝퀴즈 Q1

□□□□은/는 병인박해를 구실로 하여 프랑스가 강화도를 침략한 사건이다.

□ □ □ □

오페르트 도굴 사건
독일 상인 오페르트는 여러 번 조선으로부터 통상을 거절당하자 흥선 대원군의 아버지인 남연군의 무덤을 도굴(무덤에서 보물 등을 훔치는 것)하려 했어요(1868년). 이는 실패했지만 소식을 들은 조선 백성은 충격을 받았고 흥선 대원군은 분노했지요.
이 사건을 계기로 흥선 대원군은 서양에 대한 경계를 더욱 강화했어요.

남연군 묘

무역선 다른 나라와 무역을 하기 위해 짐을 실어 나르는 배.
행패 난폭하고 버릇없는 짓을 함. 또는 그런 말과 행동.
침몰시키다 침몰은 '沈(잠길 침)'과 '沒(빠질 몰)'이 합쳐진 말로, '물속에 가라앉게 하다.'라는 뜻임.
함락되다 성이나 요새가 공격을 받아 무너지다.

척화비를 세우다

병인양요가 일어나기 전 미국의 무역선 제너럴셔먼호가 허락도 받지 않고 평양에 들어와 조선에 통상을 요구하는 일이 있었어요.

"우리와 통상을 합시다!"

"조선은 서양과 통상을 하지 않소! 썩 물러가시오!"

조선이 통상 요구를 거절하자 제너럴셔먼호는 총과 대포를 쏘며 조선 사람들을 죽이고 행패를 벌였어요. 화가 난 백성은 제너럴셔먼호를 불태워 침몰시켰는데, 이를 제너럴셔먼호 사건이라고 해요.

몇 년 후, 미국의 군함이 조선의 바다에 나타났어요.

"서양 배다! 또 서양 배가 나타났다!"

미국은 제너럴셔먼호 사건을 핑계로 조선에 통상을 요구하며 강화도를 침략했어요. 어재연 장군이 이끄는 조선군이 강력하게 저항하자 미군은 20여 일 만에 스스로 물러갔지요. 그러나 이 싸움으로 광성보가 함락되고 많은 조선 사람들이 목숨을 잃었어요. 이 사건을 신미양요라고 해요(1871년).

오페르트 도굴 사건에 이어 서양의 침입이 계속되자 조선은 더욱 서양을 경계하게 되었어요. 얼마 후 흥선 대원군은 전국에 척화비를 세워 서양과 교류하지 않겠다는 의지를 널리 알리고 통상 수교 거부 정책을 강화했지요.

서양 오랑캐가 침범하는데 싸우지 않으면 화해를 하자는 것이며, 화해를 주장하는 것은 나라를 팔아먹는 것이다.

– 척화비의 내용

척화비

경계하다 사고가 생기지 않도록 조심하여 단속하다.
척화비 흥선 대원군이 서양과 친하게 지낼 수 없다는 내용을 담아 전국에 세운 비석.
통상 수교 거부 정책 다른 나라와 교류를 하지 않는 정책.
화해 싸움을 멈추고 서로 안 좋은 감정을 풀어 없애는 것.

하지만 흥선 대원군의 생각과 달리 조선이 발전하려면 다른 나라와 교류해야 한다고 주장하는 사람도 점점 늘기 시작했어요.

Q2 **반짝퀴즈**

계속되는 서양 세력의 침입에 흥선 대원군은 □□□을/를 세워 통상 수교 거부 정책을 강화했다.

서양 세력의 침략과 조선의 대응

- 조선 후기 서양은 조선에 계속 통상을 요구했는데, 조선이 이를 거부하자 군대를 앞세워 침략했다.
- 병인양요는 병인박해를 구실로 프랑스가 조선에 통상을 요구하며 강화도를 침략한 사건이다(1866년).
- 신미양요는 제너럴셔먼호 사건을 구실로 미국이 조선에 통상을 요구하며 침략한 사건이다(1871년).
- 계속되는 서양의 침략에 흥선 대원군은 척화비를 세워 서양과 교류하지 않겠다는 의지를 알렸다.
- 흥선 대원군의 통상 수교 거부 정책과 달리 다른 나라와의 교류를 주장하는 사람들도 늘게 되었다.

1 다음 (가), (나)에 들어갈 나라의 이름을 쓰세요.

	병인양요	신미양요
원인	선교사의 죽음을 구실로 (가) 군대가 침략함.	무역선인 제너럴셔먼호 사건을 구실로 (나) 군대가 침략함.
전개	양헌수가 이끄는 부대가 강화도에서 이를 물리쳤으나 조선의 보물들을 약탈당함.	어재연이 이끄는 조선군의 강한 저항에 미군이 스스로 물러났으나 조선도 큰 피해를 봄.
목적	조선에 통상을 요구하기 위함.	

(1) (가): (　　　　　　　)　　(2) (나): (　　　　　　　)

2 조선 후기 다음과 같은 비석을 세운 사람은 누구입니까? (　　　　　)

척화비

서양 오랑캐가 침범하는데 싸우지 않으면 화해를 하자는 것이며, 화해를 주장하는 것은 나라를 팔아먹는 것이다.

① 고종　② 어재연　③ 정약용
④ 명성 황후　⑤ 흥선 대원군

39회 기출 응용

3 다음 밑줄 친 '이 사건'은 무엇입니까? (   )

〈답사 보고서 1〉

외규장각을 다녀와서

- 답사 일자: 20○○년 5월 ○○일
- 답사 지역: 강화도 일대
- 알게 된 사실: 1866년 프랑스군이 침략한 <u>이 사건</u>으로 『의궤』 등을 약탈당하였다.

- 관련 사진

외규장각(복원)

① 병인양요 ② 신미양요 ③ 임진왜란
④ 운요호 사건 ⑤ 제너럴셔먼호 사건

붙임 딱지 붙여요.

카드 세계사

서양 세력이 조선에 통상을 요구할 무렵 미국에서는 남북 전쟁이 일어났어요. 농장이 발달한 남부 지역은 노예가 꼭 필요했어요. 반면 상공업이 발달한 북부 지역은 노예 제도에 반대했지요. 북부 지역에서 노예 제도에 반대하는 링컨이 대통령이 되자 남부 지역에서는 제퍼슨을 대통령으로 뽑아 연합을 만들었고, 얼마 후 전쟁이 벌어졌어요. 4년이나 계속된 이 전쟁으로 많은 사람이 죽었어요.

연합 둘 이상이 모여 하나의 조직을 만듦.

17
4주

조선은 어떻게 개항했나요?

공부한 날짜: 월 일

미국을 흉내 낸 일본 운요호 사건
아편 전쟁 이후 청이 나라의 문을 활짝 열자 미국은 일본에도 개항을 요구했어요. 그러나 일본이 이를 계속 거부하자 군함을 이끌고 나타나 무력으로 위협했지요. 청과 같은 상황이 될 것을 걱정한 일본은 미국과 불평등 조약을 맺고 오랫동안 지켜온 나라의 문을 열었어요.
이후 일본은 같은 방법으로 조선을 위협했는데, 이것이 바로 운요호 사건이에요.

메이지 천황 일본의 122대 천황. 그의 개혁 정책을 메이지 유신이라고 함.
외교 나라 간에 정치, 경제, 문화적으로 관계를 맺는 것.
무력 군사상의 힘.
개항시키다 항구를 열어 외국 배가 드나듦을 허가하게 하다.

일본 함대가 조선에 쳐들어오다

흥선 대원군이 척화비를 세우고 통상 수교 거부 정책을 펼 무렵, 일본에는 메이지 천황을 중심으로 하는 새로운 정부가 들어섰어요. 일본은 조선에 문서를 보내 일본에 새로운 정부가 들어섬을 알리고 자기네 나라와 외교를 맺자고 요구했어요. 그 문서에는 일본의 왕이 천황이라고 표현되어 있었어요.

"허허, 이것 참! 일본의 왕이 감히 황제라고?"

"예의가 없구먼! 이 외교 문서는 절대로 받아 주어서는 안 되네."

청을 섬기던 조선은 오직 청만 '황제'라는 이름을 쓸 수 있다고 생각했어요. 그래서 이 문서가 예의에 맞지 않는다고 하여 받지 않았지요. 일본은 몇 번이나 다시 외교 문서를 보냈지만 조선은 같은 이유로 이를 돌려보냈어요.

일본은 무력으로라도 조선을 개항시키기로 했어요. 그리고 그때를 기다렸지요.

운요호 전투

"배다! 배가 나타났다!"

1875년, 강화도 앞바다에 일본의 배 운요호가 나타났어요. 운요호에서 내린 작은 배가 초지진을 향해 다가오자 조선군은 더 이상 접근하지 말라는 의미로 대포를 쏘았어요. 그러자 운요호에서 기다렸다는 듯 포탄이 쏟아졌어요. 운요호는 영종도에 상륙해 많은 조선인을 죽인 후에야 일본으로 돌아갔어요.

이듬해 일본은 이 사건을 구실로 조선에 다시 통상을 요구했어요.

"조선군이 아무 잘못도 없는 우리 배를 공격해 손해를 입혔으니 항구를 열어 손해를 갚으시오. 10일 안에 답을 주시오."

일본은 정해진 기간 안에 답을 주지 않으면 조선에 쳐들어올 것처럼 위협을 하였어요.

상륙하다 육지로 오르다.
항구 배가 안전하게 드나들 수 있도록 강가나 바닷가에 부두 등을 만든 곳.
위협 힘으로 협박함.

Q1
반짝퀴즈

일본은 □□□ 사건을 구실로 조선에 통상을 요구했다.

조미 수호 통상 조약
강화도 조약 체결 후, 조선은 미국과 두 번째로 조약을 맺었어요.
제물포에서 체결된 이 조약으로 미국은 조선으로부터 최혜국 대우를 받게 되었어요. 최혜국은 조선과 조약을 맺은 나라 가운데 가장 좋은 대우를 받는 나라를 말해요. 만약 조약 체결 이후 조선이 다른 나라에 어떤 특권을 주면, 미국은 자동으로 똑같은 권리를 갖게 되었어요. 이후 서양 여러 나라들은 조선과 조약을 맺을 때 앞다투어 최혜국 대우를 넣기 시작했어요.

근대적 이전보다 새로운 것에 가까운.
조약 나라와 나라 간의 약속.
불평등 차별이 있는 상태.
체결되다 계약이나 조약 등이 공식적으로 맺어지다.
유리하다 이익이 있다.

강화도 조약을 맺다

일본의 위협에 조정 안의 신하들은 개항을 해야 한다는 쪽과 하지 말아야 한다는 쪽으로 나뉘었어요.

"저런 무례한 놈들에게 항구를 열 수는 없소."

"저들의 말을 들어주지 않는다면 분명 전쟁이 일어날 거요."

흥선 대원군이 물러나고 고종이 직접 나라를 다스릴 무렵 나라 안에는 개항을 주장하는 사람이 늘고 있었어요. 그러한 상황에서 일본이 위협을 하자 조선은 개항에 찬성하는 사람들의 뜻과 전쟁을 원치 않는 나라 안의 요구를 받아들여 일본과 조약을 맺기로 했어요.

"이 문서에 도장을 찍으시지요."

1876년 2월, 강화도에 모인 조선과 일본 관리들은 조약문에 도장을 찍었어요. 이로써 조선 최초의 근대적 조약이자 불평등 조약인 강화도 조약이 체결되었어요. 강화도 조약의 체결로 마침내 조선은 개항을 하게 되었지요.

강화도 조약에는 일본에 유리한 내용이 많이 담겨 있었지만 조선의 권리는 나타나 있지 않았어요.

제1관 조선은 자주적인 나라로 일본과 평등한 권리가 있다.

제4관 조선은 부산 이외에 두 곳의 항구를 열어 일본인이 통상하도록 허가한다.

제7관 조선의 해안을 일본이 자유로이 측량하도록 허가한다.

제10관 개항한 항구에서 일본인이 죄를 지어도 조선 정부가 심판할 수 없다.

자주적이다 남의 보호나 간섭을 받지 아니하고 자기 일을 스스로 처리하다.
해안 바다와 육지가 닿은 곳.
측량하다 높이, 깊이, 넓이, 방향 등을 재다.

강화도 조약 체결 이후 조선은 부산, 원산, 인천의 3개 항구를 열게 되었어요. 조약에 따라 일본은 조선의 해안을 측량할 수 있었는데 이것은 조선을 침략하기 위한 정보를 얻기 위함이었지요. 또, 조선 땅에서 일본인이 죄를 짓더라도 조선 법이 아닌 일본 법에 따라 재판을 받게 되었어요.

이후 조선은 미국, 영국, 독일 등 서양의 여러 나라와도 조약을 맺었는데, 이 조약들 역시 불평등한 조약이었어요.

Q2 반짝퀴즈

□□□ 조약은 조선 최초의 근대적 조약이자 불평등 조약이었다.

강화도 조약 체결과 조선의 개항

- 일본은 운요호 사건을 일으켜 조선에 개항을 강요했다.
- 강화도에서 체결된 강화도 조약은 조선 최초의 근대적 조약이자 불평등 조약이었다(1876년).
- 강화도 조약에 의해 부산, 원산, 인천의 세 개 항구를 열게 되었다.
- 강화도 조약 이후 조선은 미국, 영국, 독일 등 서양 여러 나라와 차례로 불평등 조약을 맺게 되었다.

1 다음 밑줄 친 '이 사건'은 무엇입니까? (　　　　　)

강화도 앞바다에 일본 군함이 나타나자 놀란 조선군이 일본 군함 주변에 대포를 쏘았다. 이후 일본 군함은 조선을 공격하여 많은 사람을 죽이고 돌아갔는데 일본은 이 사건을 구실로 조선에 통상을 요구했다.

① 병인양요　② 신미양요　③ 운요호 사건
④ 제너럴셔먼호 사건　⑤ 오페르트 도굴 사건

2 다음 밑줄 친 '이 조약'에 대한 설명으로 알맞은 것에 모두 ○표 하세요.

1876년 조선과 일본의 관리들이 강화도에서 이 조약을 맺었다.

⑴ 조선이 외국과 맺은 최초의 근대적 조약이다. (　　　)
⑵ 이 조약으로 조선은 세 개의 항구를 열게 되었다. (　　　)
⑶ 일본보다 조선에 유리한 내용이 많이 담겨 있었다. (　　　)

43회 기출 응용

3 다음 (가)~(다)의 사건이 일어난 순서대로 기호를 쓰세요.

(가)

병인양요, 신미양요

(나)

강화도 조약

(다)

척화비 건립

(　　　) ➡ (　　　) ➡ (　　　)

4주 2일 학습 끝!

붙임 딱지 붙여요.

카드 세계사

일본, 메이지 유신으로 개혁하다

도요하라 치카노부, 「헌법반포약도」

운요호 사건을 일으켰던 일본의 새 정부는 메이지 천황을 중심으로 하는 정부였어요. 메이지 천황이 이끄는 정부는 철저히 서양을 따라 근대화 개혁을 했는데 이 개혁을 '메이지 유신'이라고 불러요. 메이지 유신으로 일본은 철도를 건설하고 군대에 필요한 것을 만드는 산업을 키웠고 정치 제도도 서양식으로 바꾸었지요. 이러한 개혁의 결과, 일본은 산업화와 개혁에 성공할 수 있었어요.

근대화 정치, 경제, 사회, 문화 등 모든 영역에서 더욱 나아진 생활 양식으로 바뀌어 가는 과정.

18
4주

임오군란이 일어난 까닭은 무엇인가요?

공부한 날짜: 월 일

최익현의 도끼 상소
강화도 조약 이후 최익현은 일본과 조약을 맺어서는 안 되는 다섯 가지 이유를 들어 상소를 올렸어요. 이 상소에서 그는 개항하여 서양과 교류하는 일본은 서양과 다를 게 없다고 주장했지요.
최익현은 조약을 체결하려면 자신의 목을 도끼로 치라며 강화도 조약에 강하게 반대했어요. 하지만 조정에서는 왕이 다니는 길에 도끼를 들고 엎드렸다고 하여 최익현을 흑산도로 귀양 보냈지요.

최익현

개화 외국의 발전된 문화나 제도를 받아들이는 것.

서로 다른 생각이 부딪치다

흥선 대원군이 통상 수교 거부 정책을 펼칠 무렵 조선에는 이미 개화를 주장하는 사람들이 늘고 있었어요. 청에 사신으로 드나들던 박규수, 역관 오경석, 의원 유홍기 등이 대표적이었지요. 서양의 앞선 문물을 받아들여야 조선도 발전할 수 있다고 생각한 이들은 조선의 체제 역시 서양식으로 바꿀 것을 주장했어요.

한편 이들의 주장에 반대하던 세력을 '위정척사파'라고 해요. '위정척사'는 '바른 것(正, 바를 정)은 지키고(衛, 지킬 위) 간사한 것(邪, 간사할 사)은 물리친다(斥, 물리칠 척)'는 뜻이에요. 여기서 바른 것은 조선의 전통이고 간사한 것은 서양 세력이에요.

"조선에는 오랫동안 이어져 온 질서와 전통이 있다. 개화는 안 돼!"

유학자가 중심이 된 위정척사파는 서양 문물을 받아들이면 조선의 질서가 무너질 것으로 생각했어요. 그래서 이를 막기 위해 개화에 반대하는 운동을 벌였지요. 한편 영남의 유생들은 조정의 개화 정책에 반대하는 상소인 '영남만인소'를 올리기도 했어요.

강화도 조약 이후 조선은 다른 나라에 수신사, 영선사, 보빙사 등의 외교 사절을 보내 앞선 문물을 배워 오게 했어요. 각국에 파견된 외교 사절들은 그곳에서 발전된 문물을 보고 깜짝 놀랐어요.

"기차를 이용하니 빠르게 사람과 물자를 옮길 수 있잖아!"

"일본이 이렇게 발전한 나라였다니. 그동안 조선은 뭘 한 거지?"

이후 조정에서는 고종과 왕비인 명성 황후를 중심으로 조선을 새롭게 바꾸기 위해 노력하기 시작했어요. 이를 위해 서양식 관청과 학교를 세우고 서양식 군대도 만들었지요. 서양식 우체국인 우정총국, 근대적 무기 공장인 기기창, 최초의 신문사인 박문국 등은 모두 이렇게 만들어진 기관이에요.

체제 국가 질서의 전체 흐름.
유생 유학을 공부하는 선비.
만인소 만여 명의 선비들이 이름을 적어 올린 상소.
수신사 일본에 보낸 사절단.
영선사 청에 보낸 사절단.
보빙사 미국에 보낸 사절단.
사절 나라를 대표해 임무를 가지고 외국에 간 사람.
파견되다 일정한 임무가 주어져 사람이 보내지다.

Q1 반짝퀴즈

유학자가 중심이 된 □□□□파는 개화에 반대하는 운동을 벌였다.

제물포 조약
임오군란 이후 일본은 구식 군인들이 일본인 교관을 죽였다며 조선에 사과와 보상을 요구했어요.
이 일로 조선은 일본과 제물포 조약을 맺을 수밖에 없었어요. 이 조약으로 조선은 일본에 막대한 보상을 해야 했고 일본은 자기네 공사관을 보호한다는 이유로 조선에 군대를 머물게 했어요.

신식 새로운 방식이나 형식.
구식 예전의 방식이나 형식.
교관 군사 교육 및 훈련을 맡아보는 장교.
선혜청 조선 시대에 대동미와 대동목, 대동포 등의 관리를 맡아보던 관아.
폭동 집단적 폭력 행위를 통해 사회를 어지럽히는 일.

구식 군인들이 폭동을 일으키다

별기군은 개항 이후 조정에서 만든 신식 군대였어요. 조정에서는 개화 정책에 따라 기존에 있던 구식 군인을 줄이고 신식 군인으로 구성된 별기군을 새로 만들었지요.

별기군은 신식 무기를 가지고 일본인 교관으로부터 훈련을 받았으며 좋은 대우를 받았어요. 하지만 구식 군인들은 1년이 넘게 월급조차 제대로 받지 못하고 있었어요. 계속되는 차별에 구식 군인들의 불만이 쌓여 갔지요.

1882년 6월, 조정에서 그동안 밀린 월급을 쌀로 준다는 말에 구식 군인들이 선혜청에 모였어요. 그런데 깜짝 놀랄 일이 일어났어요.

"아니, 이게 뭐야! 쌀이 썩었잖아?"

"내 쌀 중 절반은 모래랑 겨가 섞여 있어."

먹을 수 없는 쌀을 받고 화가 난 구식 군인들은 즉시 담당 관리의 집으로 찾아가 폭동을 일으켰는데, 이를 '임오군란'이라고 해요.

이 폭동에는 구식 군인뿐만 아니라 살기 힘든 백성도 참여했어요.

사람들의 분노는 여기서 그치지 않고 일본인과 조정, 명성 황후에게로 향했어요. 명성 황후가 개화를 한다는 이유로 조선에 일본을 끌어들였다고 생각했기 때문이에요. 화가 난 사람들이 일본 공사관과 궁궐을 습격하자 명성 황후는 급히 몸을 피했어요. 그리고 고종은 아버지인 흥선 대원군에게 도움을 청했지요.

"아버님께서 사람들이 폭동을 멈추도록 도와주십시오."

다시 힘을 얻은 흥선 대원군은 난을 진압하면서 동시에 그동안 진행하던 개화 정책을 모조리 중단하려 했어요. 하지만 이 계획은 성공하지 못했어요. 명성 황후의 부탁을 받은 청이 조선에 군대를 보내 군란을 진압하고 흥선 대원군을 청으로 끌고 가 버렸기 때문이에요. 이후 청은 조약을 맺어 조선에 군대를 머물게 하고 정치에도 많은 간섭을 했어요.

공사관 나라를 대표하여 파견되는 외교 사절이 머무르며 사무를 보는 곳.
습격하다 갑자기 상대를 치다.
군란 군대가 일으키는 난리.

Q2
반짝퀴즈

구식 군인과 신식 군대인 별기군을 차별하자 화가 난 구식 군인들이 □□□□을/를 일으켰다.

개화 정책의 추진과 임오군란

- 조선 후기 개화에 찬성하는 세력과 반대하는 세력이 충돌했다.
- 조선의 질서가 무너질 것을 염려한 위정척사파는 개화에 반대하는 운동을 벌이기도 했다.
- 개화 정책에 따라 조정에서는 서양식 관청, 학교, 군대를 만들고 우정총국, 박문국 등을 설치하였다.
- 신식 군대인 별기군과 구식 군인을 차별하자 화가 난 구식 군인들이 임오군란을 일으켰다(1882년).
- 청은 군대를 보내 임오군란을 진압하고 이후 조선의 정치에 많은 간섭을 했다.

1 조선 후기 다음과 같은 주장을 펼친 유학자들이 개화에 반대한 이유는 무엇입니까? (   )

① 모든 사람은 평등하다고 생각했기 때문에
② 유교가 널리 퍼지는 것을 두려워했기 때문에
③ 조선의 전통 질서가 무너질 것으로 생각했기 때문에
④ 개화를 하면 조선의 경제가 발전할 것으로 생각했기 때문에
⑤ 청이 서양 문물을 받아들여 발전하는 것을 눈으로 보았기 때문에

2 다음에서 설명하는 사람들은 누구입니까? (   )

개항 이후 조선 정부가 만든 신식 군대였다. 일본인 교관에게 군사 훈련을 받았으며 구식 군인보다 좋은 대우를 받았다.

① 수신사 ② 장용영 ③ 별기군
④ 개화파 ⑤ 위정척사파

38회 기출 응용

3 다음 (가)에 들어갈 사건은 무엇입니까? (   )

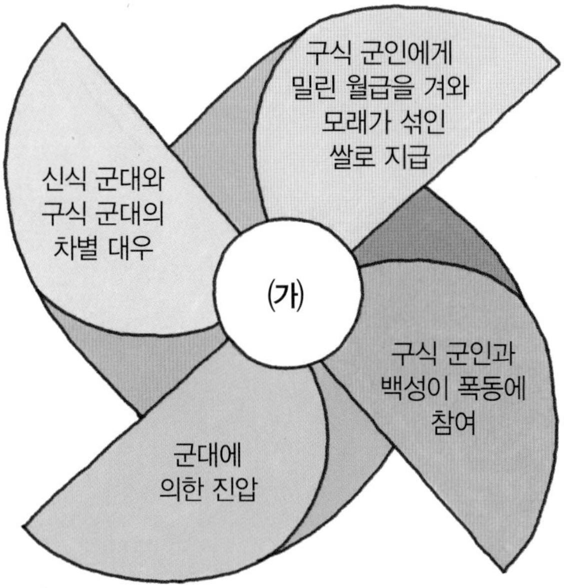

① 병인양요
② 신미양요
③ 갑신정변
④ 임오군란
⑤ 운요호 사건

4주 3일 학습 끝!

붙임 딱지 붙여요.

카드 세계사

청, 양무운동이 일어나다

난징 기기창

조선에서 개화를 주장하는 사람들이 늘어날 무렵 청에서도 서양의 과학 기술을 배워서 개혁해야 한다고 주장하는 사람들이 생겨났어요. 이에 청 정부는 신식 군대를 만들고 서양의 최신 무기와 군함을 사들이는 한편 제철소와 면직물 공장을 세우고 주요 도시에 철도를 놓았지요. 이를 양무운동이라고 부르는데, 청일 전쟁에서 청이 패하자 실패로 끝났어요.

양무운동 '洋(큰 바다 양)'과 '務(힘쓸 무)'가 합쳐진 말로, 서양의 것을 배우는 데 힘쓰는 운동을 말함.

19
4주

갑신정변이 실패한 원인은 무엇인가요?

공부한 날짜: 월 일

갑신정변의 배경, 청불 전쟁
1884년 청은 베트남을 둘러싼 권리를 놓고 프랑스와 전쟁을 벌였어요. 전쟁을 치르기 위해서는 많은 군대가 필요했기 때문에 조선에 있던 청 군대의 절반을 데려갔지요.
김옥균을 중심으로 한 급진 개화파는 자신들이 반란을 일으키더라도 청 군대가 다시 돌아오지 못할 것이라고 판단했어요. 청불 전쟁은 급진 개화파가 갑신정변을 일으키게 된 배경 중 하나예요.

사상 어떤 사물에 대한 구체적인 사고나 생각.
온건 개화파 조선 말 청의 지원을 받아 천천히 개화할 것을 주장한 사람들의 모임.
급진 개화파 조선 말 나라의 정치, 제도, 생활 등을 급히 바꾸려던 사람들의 모임.

개화파가 둘로 나누어지다

임오군란을 진압한 청은 점차 조선의 정치에 깊숙이 간섭하기 시작했어요. 개화를 주장하던 사람들은 이 모습을 보면서 점차 개화 방식에 대한 의견이 나누어지기 시작했어요.

"청나라와의 관계를 유지하며 서양의 기술을 받아들여야 하오."

"청나라의 간섭을 물리치고 서양의 기술, 사상, 제도까지 받아들여야 하오."

당시 김홍집을 중심으로 한 온건 개화파는 명성 황후의 지원을 받고 있었어요. 이들은 조선의 법과 제도를 바탕으로 천천히 개화를 해야 한다고 주장했지요. 반면 김옥균, 박영효, 서광범과 같은 급진 개화파는 하루빨리 청과의 관계를 끊고 일본의 도움을 받아 개화를 해야 한다고 주장했어요. 이들은 임오군란 때 명성 황후가 청을 끌어들여 난을 진압하는 모습을 보고 명성 황후 세력을 조정에서 몰아내야 한다고 생각하기도 했어요.

이때 베트남에서 청과 프랑스 사이에 전쟁이 일어났어요. 전쟁을 치르기 위해 청은 조선에 주둔하던 군대 중 절반을 베트남으로 데려갔어요. 김옥균을 비롯한 급진 개화파는 이 틈을 타 청과 명성 황후 세력을 몰아내고 조선을 개화하기 위한 계획을 세웠어요.

"지금이 기회요. 왕비 일가를 몰아내고 조선을 개화합시다."

급진 개화파는 자신들과 뜻을 같이하는 사람들을 모으기 시작했어요. 이때 일본 공사가 급진 개화파를 지원하겠다고 나섰지요.

"청나라의 군대는 걱정하지 마시오. 신식 무기로 무장한 우리 일본군이 얼마든지 막아 낼 수 있소."

사실 일본은 임오군란을 진압한 청이 조선 정치에 적극적으로 간섭하자 자신들의 영향력이 줄어들까 봐 불안해하고 있었어요. 그래서 자신들의 영향력을 키우기 위해 급진 개화파에게 군대를 지원하겠다고 약속한 것이었지요.

주둔하다 군대가 임무 수행을 위해 일정 지역에 얼마 동안 머무르다.
일가 한집에서 사는 가족.
지원하다 지지하여 돕다.
영향력 어떤 사물의 효과나 작용이 다른 것에 미치는 힘.

Q1 반짝퀴즈

김옥균, 박영효 등의 급진 개화파는 □□의 도움을 받아 하루빨리 개화해야 한다고 주장하였다.

□□

갑신정변이 3일 만에 실패하다

1884년, 조선에 우정총국이 처음 만들어진 것을 축하하는 잔치가 열렸어요. 김옥균을 중심으로 한 급진 개화파는 이 자리를 틈타 정변을 일으켰지요. 갑신년에 일어난 이 정변을 '갑신정변'이라고 해요.

"전하, 우정총국에 큰일이 났습니다. 몸을 피하셔야 합니다."

사실 이것은 고종과 명성 황후를 다른 곳으로 옮기게 할 목적으로 김옥균이 한 거짓말이었어요. 급진 개화파는 고종과 명성 황후가 머무는 곳을 창덕궁에서 다른 곳으로 옮기고 일본군에게 그곳을 지키게 했어요. 다음 날 자신들을 중심으로 하는 새 정부를 조직한 급진 개화파는 나라를 바꿀 주요 개혁 정책을 발표했지요.

- 청에 대한 조공 허례를 폐지한다.
- 문벌을 폐지하고 평등의 권리를 세워 능력에 따라 관리를 임명한다.
- 세금 제도를 고쳐 관리의 부정을 막고 국가의 살림살이를 튼튼히 한다.
- 부정한 관리를 처벌하고, 백성이 빚진 쌀을 면제한다.

– 갑신정변 개혁안의 주요 내용(일부)

갑신정변에 참여한 사람들
갑신정변은 김옥균을 비롯하여 박영효, 서광범, 서재필, 홍영식 등 양반 계층의 급진 개화파가 주도했어요. 하지만 실제 개혁 과정에는 군인, 사관생도, 상인, 궁녀 등 양반 외에 다양한 계층 사람들이 참여하였지요.
이들은 경비를 서는 임무부터 궁궐 안의 일을 전달하는 일, 심부름 등 여러 가지 일을 담당했어요.

정변 비합법적인 방법으로 생긴 정치적인 큰 변화.
조공 허례 조선이 청에 때를 맞추어 선물을 보내며 예를 차렸던 일.
문벌 대대로 내려오는 그 집안의 사회적 신분이나 지위.
면제하다 책임이나 의무 등을 벗어나게 해 주다.

급진 개화파는 개혁을 통해 청의 간섭에서 벗어나고 능력 있는 인재를 뽑아 조선을 발전시키려고 했어요. 또, 세금 제도를 바꾸고 부패한 관리를 벌하여 백성이 잘사는 나라를 만들고자 했지요.

"청나라 군사가 몰려온다!"

그러나 이 개혁은 다음 날 청이 조선에 군대를 보내 진압하면서 물거품이 되었어요. 거센 청 군대의 공격에 지원을 약속했던 일본군은 부리나케 도망쳐 버렸지요. 결국 갑신정변은 3일 만에 실패로 끝이 났어요. 이후 정변을 주도한 김옥균은 박영효, 서광범과 함께 일본으로 몸을 피했어요.

갑신정변은 근대적 국가를 만들기 위한 우리나라 최초의 개혁 운동이었어요. 그러나 준비가 부족했던 데다 개혁 과정에서 일본의 힘에 의지하여 많은 사람한테 지지를 받지 못했다는 점에서 실패 원인을 찾을 수 있어요.

물거품 노력이 헛되이 됨.
주도하다 앞서 이끌다.
의지하다 다른 것에 몸을 기대다.

Q2 반짝퀴즈

김옥균을 중심으로 한 급진 개화파는 우정총국 개국 축하 잔치를 틈타 □□□□을/를 일으켰다.

갑신정변의 과정과 실패 원인

- 김홍집 등의 온건 개화파는 청과의 관계를 유지하며 천천히 개화할 것을 주장했다.
- 김옥균 등의 급진 개화파는 일본의 도움을 받아 하루빨리 나라 전체를 개혁할 것을 주장했다.
- 김옥균을 중심으로 한 급진 개화파는 우정총국 개국 축하 잔치를 틈타 갑신정변을 일으켰다(1884년).
- 새 정부를 조직한 급진 개화파는 주요 개혁 정책을 발표했으나 청의 개입으로 진압되었다.
- 최초의 근대적 개혁 운동이었던 갑신정변은 준비 부족과 일본의 힘에 의지하여 실패했다.

1 다음 그림 속 ㈎와 ㈏에 해당하는 사람을 알맞게 선으로 이으세요.

(1) ㈎ •	• ① 김옥균
(2) ㈏ •	• ② 김홍집

2 다음 중 급진 개화파가 갑신정변을 일으킨 이유는 무엇입니까? (　　　　　)

① 청의 문물을 받아들이기 위해서
② 일본의 간섭에서 벗어나기 위해서
③ 강화도 조약을 무효로 만들기 위해서
④ 조선이 개항하는 것을 막아 내기 위해서
⑤ 청의 간섭에서 벗어나 근대적 국가를 만들기 위해서

43회 기출 응용

3 **다음 그림에서 두 사람이 말하고 있는 사건은 무엇입니까? (   )**

① 임오군란 ② 신미양요 ③ 갑신정변

④ 을미사변 ⑤ 강화도 조약

4주 4일 학습 끝!

붙임 딱지 붙여요.

카드 세계사

유럽, 아프리카 식민지 경쟁을 벌이다

안톤 폰 베르너, 「베를린 회의」

갑신정변이 일어날 무렵, 유럽 여러 나라는 아프리카 식민지를 얻기 위해 다투고 있었어요. 급기야 콩고강의 지배권을 문제 삼은 포르투갈의 요청에 의해 베를린에서 회의가 열렸지요(1884년). 독일, 영국, 이탈리아 등 14개 나라가 이 회의에 참석했는데, 그 결과 콩고 일대는 벨기에의 식민지가 되었어요. 이 회의 이후 20년 만에 아프리카 나라의 약 90%가 유럽의 식민지로 전락했어요.

식민지 정치적·경제적으로 다른 나라에 속해 있어 나라로서의 주권을 상실한 나라.

전락하다 나쁘게 되다.

20
4주

동학 농민 운동과 갑오개혁은 어떻게 일어났나요?

공부한 날짜: 월 일

동학 농민 운동이 일어나다

개항 이후 일본은 많은 양의 쌀을 헐값에 사들여 일본으로 가져갔어요. 이로 인해 조선에 쌀이 부족해지자 일반 백성은 전보다 비싼 돈을 주고 쌀을 사야만 했지요. 그 가운데 일부 관리의 횡포가 백성을 더욱 힘들게 했는데, 고부 군수 조병갑이 그중 하나였어요.

"군수님의 아버지를 칭찬하는 비석을 세우는 데 돈을 내라고요?"

"아니, 왜 멀쩡한 저수지를 놔두고 새로 만든 저수지의 물을 비싼 값을 주고 써야 합니까?"

고통받던 백성이 새로운 세상을 꿈꾸며 동학에 의지하던 그때, 전봉준은 고부 군수의 횡포에 맞서 뜻을 같이하는 사람들을 모아 군사를 일으켰어요. 이를 '동학 농민 운동'이라고 해요(1894년 1월).

"나라를 돕고, 백성을 편안하게 하며, 탐관오리를 내쫓고 백성을 구한다!"

사발통문
전봉준과 그를 따르는 사람 20여 명이 군사를 일으키기 전, 싸움에 임하는 마음을 담아 쓴 문서예요.
맨 처음 싸움을 이끈 사람이 드러나지 않도록 가운데 사발을 엎어 놓고 주위를 빙 둘러서 원형으로 이름을 적은 것이 특징이에요.

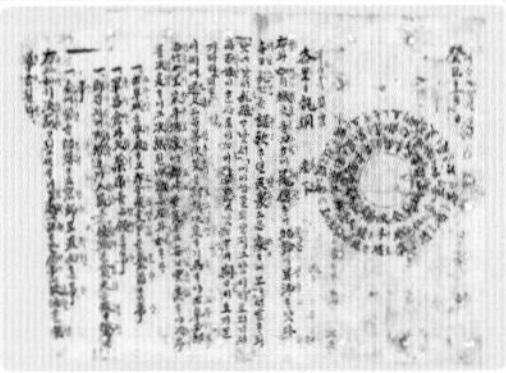

사발통문

헐값 그 물건의 원래 가격보다 훨씬 싼 값.
고부 전라북도 정읍 지역의 옛 이름.

동학 농민군이 무섭게 전라도 일대까지 세력을 뻗자 다급해진 조정은 청에 농민군을 진압할 군대를 보내 달라고 했어요. 청이 조선에 군대를 보내자 아무 상관 없는 일본도 조선에 군대를 보냈지요.

동학 농민군은 조선의 일에 다른 나라가 끼어드는 것을 원하지 않았어요. 그래서 동학 농민군은 조정과의 협상을 통해 개혁안을 약속받고 스스로 흩어지기로 했지요.

- 탐관오리, 못된 양반은 그 죄를 조사해 벌한다.
- 노비 문서를 소각한다.
- 정해진 세금 외에 잡다한 세금을 폐지한다.
- 일본에 협력하는 사람을 엄히 벌한다.

– 동학 농민군의 개혁안(일부)

동학 농민군이 물러난 후 조정은 청과 일본에 철수를 명했어요. 하지만 일본은 이를 무시하고 경복궁에 쳐들어오고 조선 땅에서 청과 전쟁을 벌였지요(청일 전쟁, 1894년).

군수 조선 시대에 지방 행정 단위인 군을 다스리던 수령.
저수지 물을 모아 두기 위하여 하천이나 골짜기를 막아 만든 큰 못.
협상 목적에 맞는 결정을 하기 위하여 여럿이 의논함.
개혁안 제도나 기구 등 일부를 수정하거나 완전히 새롭게 만들고자 내놓은 계획.
소각하다 불에 태워 없애다.
잡다하다 여러 가지가 뒤섞여 너저분하다.
철수 거두어들이거나 치움.

Q1 반짝퀴즈

□□□은/는 고부 군수의 횡포에 맞서 뜻을 같이하는 사람들과 동학 농민 운동을 일으켰다.

녹두 장군 전봉준
전봉준은 어렸을 때부터 키가 작아 '녹두'라는 별명이 있었어요. 이후 사람들은 그를 '녹두 장군'이라고 불렀지요.
동학 농민 운동이 실패하고 관군에 잡힌 전봉준은 한양에서 재판을 받게 되었어요. 이때 그는 "나라의 잘못을 바로잡기 위해 일어났는데 왜 죄인이라고 하느냐."면서 당당하게 죽음을 맞았지요.
사람들은 전봉준의 죽음을 슬퍼하며 '새야 새야 파랑새야'라는 노래를 지어 불렀어요.

고전하다 전쟁이나 운동에서 몹시 힘들고 어렵게 싸우다.
후퇴 뒤로 물러남.
밀고 남몰래 일러바침.

일본이 본격적으로 간섭을 시작하다

청과의 전쟁에서 승리한 일본은 조선의 정치에 더욱 심하게 간섭했어요. 이 소식이 동학 농민군에게도 전해졌지요.

"일본이 조선을 맘대로 하게 둘 수 없소. 모두 일어나 조선을 위해 싸웁시다!"

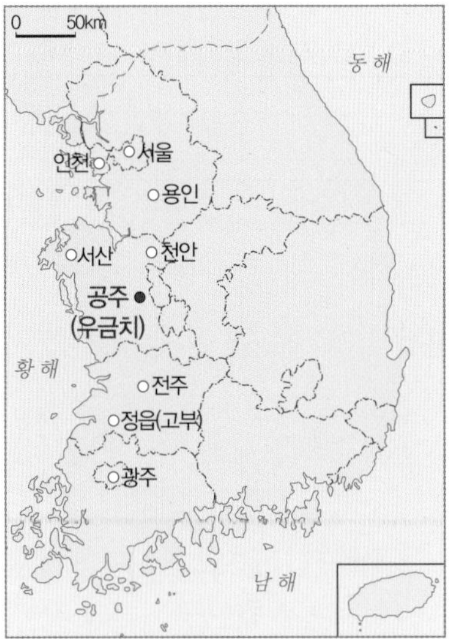

우금치(현재 충청남도 공주에 있는 고개)

1894년 10월, 동학 농민군이 일본을 몰아내기 위해 다시 들고일어났어요. 그러나 신식 무기로 무장한 일본군은 너무 강한 상대였어요. 고전하던 농민군은 공주 우금치 전투에서 크게 패했고, 후퇴를 거듭하다 흩어졌지요. 두 번의 동학 농민 운동을 이끌었던 전봉준 역시 부하의 밀고로 관군에게 잡혀가 죽임을 당했어요.

동학 농민 운동은 비록 실패로 끝났지만 농민들 스스로 정치를 바로잡고 외세를 물리치려는 정신이 담긴 운동이었어요.

한편 동학 농민군이 개혁안을 약속받고 물러난 1894년부터 1896년 사이, 조정에는 세 번에 걸친 큰 개혁이 있었어요. 이를 갑오개혁이라고 해요. 김홍집이 이끄는 군국기무처를 중심으로 시행한 이 개혁은 사실 일본의 주도 아래 이루어진 것이었어요. 따라서 조선을 마음대로 하려고 했던 일본의 의도가 숨어 있었지요.

그럼에도 불구하고 갑오개혁에는 당시 사람들의 바람이 상당수 포함되었기 때문에 조선 사회는 큰 변화를 겪게 되었어요.

"이제부터 노비 제도를 없앨 것이오!"

"정말입니까? 야호! 나도 이제 자유의 몸이다!"

갑오개혁으로 조선에서 오랫동안 이어져 온 신분제와 연좌제 같은 나쁜 관습이 없어졌어요. 또 어린 나이에 결혼하는 조혼이 금지되고 과부의 재혼이 허용되었지요.

외세 外(밖 외), 勢(기세 세)를 합친 말로, 외국 세력을 뜻함.
군국기무처 조선 후기 정치와 군사에 관한 업무를 도맡아 하던 관청.
상당수 어지간히 많은 수.
연좌제 죄를 지은 사람의 가족까지 벌하는 제도.
과부 남편을 잃고 혼자 사는 여자.
재혼 다시 결혼함.

Q2 반짝퀴즈

조선 후기 □□□□(으)로 신분제와 연좌제가 폐지되었다.

☐☐☐☐

동학 농민 운동과 갑오개혁

- 전봉준과 농민들은 고부 군수의 횡포에 맞서 동학 농민 운동을 일으켰다(1894년).
- 동학 농민군 진압을 위해 청과 일본군이 개입하자 농민군은 개혁안을 약속받고 스스로 물러났다.
- 청일 전쟁 후 일본의 간섭이 심해지자 동학 농민군이 다시 일어났으나 일본군에 패하였다.
- 동학 농민 운동 이후 정부는 김홍집이 이끄는 군국기무처를 중심으로 갑오개혁을 실시했다.
- 갑오개혁으로 신분제와 연좌제가 폐지되고 조혼이 금지되었으며 과부의 재혼이 허용되었다.

1 다음 개혁안을 보고 동학 농민군이 꿈꾸었던 나라를 모두 고르세요.

( )

동학 농민군의 개혁안(일부)

- 노비 문서를 소각한다.
- 일본에 협력하는 사람을 엄히 벌한다.
- 정해진 세금 외에 잡다한 세금을 폐지한다.
- 탐관오리, 못된 양반은 그 죄를 조사해 벌한다.

① 일본에 의지하는 나라
② 백성이 살기 좋은 나라
③ 신분에 따라 차별하는 나라
④ 탐관오리와 못된 양반이 없는 나라
⑤ 외국 문물을 받아들여 발전한 나라

2 다음 밑줄 친 '개혁'의 내용을 알맞게 말한 친구에 ○표 하세요.

1894년부터 1896년까지 세 차례에 걸쳐 일어난 큰 <u>개혁</u>으로, 김홍집이 이끄는 군국기무처를 중심으로 이루어졌다.

( ) ( ) ( )

27회 기출 응용

3 다음 (가)에 들어갈 내용으로 알맞은 것은 무엇입니까? (　　　　　)

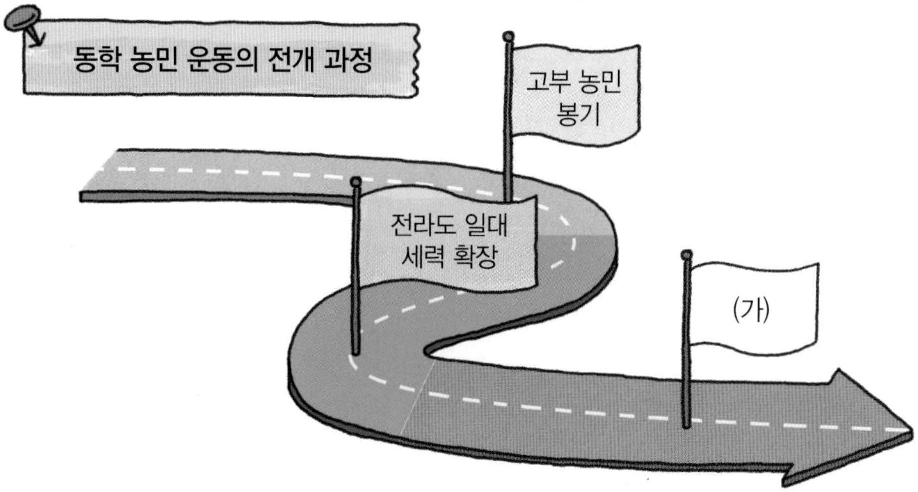

① 갑신정변　　② 신미양요　　③ 병인양요

④ 우금치 전투　　⑤ 운요호 사건

붙임 딱지 붙여요.

카드 세계사

필리핀, 독립을 선언하다

19세기 말 필리핀 독립군

동학 농민 운동이 일어날 무렵, 스페인의 식민지였던 필리핀에서 독립 운동이 일어났어요. 스페인이 필리핀 독립 운동의 아버지였던 호세 리살을 처형하자 운동은 더욱 격렬해졌어요. 그러던 중 스페인과 미국 사이에 전쟁이 일어났지요. 필리핀은 자신들의 독립을 지지하는 미국을 돕기로 했어요. 전쟁에서 이긴 필리핀은 스페인 군대를 몰아내고 아시아 최초의 공화국을 수립했어요(1899년).

공화국 주권이 국민에게 있는 나라.

정답 및 풀이

쪽수를 잘 보고 정확한 정답과
자세한 풀이를 만나 보세요.

PART 1 조선 후기 새로운 사회의 움직임

01 조선은 전쟁의 피해를 어떻게 극복했나요?

반짝퀴즈 13, 15쪽

Q1. 모내기법 Q2. 대동법

1. 모내기법은 모판에 볍씨를 미리 심어 두었다가 싹이 자라면 논에 옮겨 심는 농사법입니다. 조선 후기에 모내기법이 퍼지며 논의 수확량이 크게 늘었습니다.
2. 대동법은 땅이 없거나 가난한 백성에게 환영받았으나 양반은 반대했습니다.

역사쏙쏙 16~17쪽

1. ④ 2. (1) ○ 3. ④

1. 제시된 그림은 김홍도의 「누숙경직도」로 농민들이 모내기를 하는 모습이 나타나 있습니다.
2. 영조 때 실시한 균역법은 백성이 내야 할 군포를 두 필에서 한 필로 줄여 주는 법이었습니다.
3. 대동법은 광해군 때 처음 만들어졌으나 양반의 반대로 100년이 지난 숙종 때에 와서야 전국적으로 실시되었습니다.

02 영조는 왜 탕평비를 세웠나요?

반짝퀴즈 19, 21쪽

Q1. 사림 Q2. 탕평책

1. 조선에서 붕당 정치가 시작된 것은 임진왜란 무렵 서로 다른 생각을 가진 관리들이 정치적 생각에 따라 동인과 서인으로 나뉘면서부터입니다.
2. '탕평'은 싸움, 시비, 논쟁을 떠나 어느 쪽에도 치우침이 없이 공평하다는 뜻입니다. 탕평책의 실시로 이전보다 붕당 간의 다툼이 줄었습니다.

역사쏙쏙 22~23쪽

1. 붕당 2. ② 3. ⑤

1. 붕당은 처음에 서로를 견제하며 나라의 발전에 도움을 주었습니다. 그러나 점차 붕당이 자신들의 이익을 앞세우면서 다투는 일이 많아지자 나라가 혼란스러워졌습니다.
2. 주어진 사진과 글은 영조가 탕평책을 알리기 위해 세운 탕평비와 비석에 쓰인 글입니다.
3. 제시된 그림 속 인물은 영조로, 영조는 ⑤ 탕평책으로 붕당 간의 싸움을 줄이고 인재를 골고루 등용하여 정치를 안정시켰습니다.
   ①은 태조 이성계, ②는 세종 대왕에 대한 설명입니다.

03 정조는 어떤 개혁 정치를 폈나요?

반짝퀴즈 25, 27쪽

Q1. 정조 Q2. 수원 화성

1. 정조는 왕실 도서관인 규장각을 세워 신하들과 나랏일을 의논하고 인재를 키워 냈습니다.
2. 정조 때 새로운 과학 기구의 사용으로 완공까지 10년은 걸릴 것이라던 수원 화성이 약 2년 반 만에 완공되었습니다.

역사 쏙쏙 28~29쪽

1. ⑤ 2. (2) ○ (4) ○ 3. 규장각

1. 정조는 나랏일을 의논하고 학문을 연구하게 하려고 규장각을 세웠습니다.
2. (1) 수원 화성은 정조가 새로운 정치의 중심지로 삼기 위해 세운 계획도시입니다. (3) 『무예도보통지』는 정조 때 만들어진 실용적인 무예서입니다.
3. 정조 때 젊은 학자들이 나랏일을 의논하고, 관련된 학문을 연구하던 곳은 규장각입니다.

04 서학은 조선에 어떤 영향을 주었나요?

반짝퀴즈 31, 33쪽

Q1. 서학 Q2. 열하일기

1. 중국에 사신으로 갔던 관리들이 조선에 여러 가지 서양 문물과 천주교 교리가 담긴 『천주실의』라는 책을 들여오며 서학이 전해졌습니다.
2. 박지원이 쓴 『열하일기』에는 청의 문물과 제도, 새로운 농사법, 기계 등에 대한 내용이 담겨 있습니다.

역사 쏙쏙 34~35쪽

1. ④ 2. (2) ○ 3. 홍대용

1. ④ 앙부일구는 조선 세종 때 만들어진 해시계입니다.
2. 이전까지 중국이 세상의 중심이라고 믿고 있던 조선 사람들은 「곤여만국전도」를 통해 중국보다 더 넓은 세상이 있다는 것을 깨닫게 되었습니다.
3. 홍대용은 청에 다녀온 후 지구가 둥글고 하루에 한 번씩 스스로 돈다고 주장했습니다.

05 실학자들이 꿈꾼 사회는 어떤 모습이었나요?

반짝퀴즈 37, 39쪽

Q1. 실학 Q2. 청

1. 기존의 성리학이 실생활의 문제를 해결하지 못하는 것을 안타깝게 여긴 실학자들은 실생활에 필요한 여러 분야를 연구하여 백성이 잘사는 나라를 만들고자 했습니다.
2. 당시 청은 일찍이 서양 문물을 받아들여 발전을 이루었습니다.

역사 쏙쏙 40~41쪽

1. ④ 2. (1) ③ (2) ② (3) ① 3. ②

1. 실용적인 학문인 실학은 기존의 성리학과 달리 백성의 생활에 도움을 주기 위해 등장했습니다.
2. (1) 유형원, 이익, 정약용 등은 토지 제도를 바꾸고 과학적인 농사 기술을 알려 주어 농민이 잘사는 사회를 만들고자 했습니다. (2) 박지원, 박제가 등은 청의 문물을 받아들여 상업과 공업을 발전시킬 것을 주장했습니다. (3) 유득공, 유희, 김정호는 중국의 것이 아닌 우리의 역사와 언어, 지리 등을 연구하였습니다.
3. '상공업을 발전시켜 백성을 풍요롭게 할 것을 주장함.'이라는 책의 내용에서 상공업에 관심을 둔 실학자가 쓴 책임을 알 수 있습니다. 『북학의』는 정조 때 검서관이었던 실학자 박제가가 쓴 책입니다.

PART 2 조선 후기의 사회와 문화

06 조선 후기 장시는 어떻게 발달했나요?

반짝퀴즈 45, 47쪽

Q1. 장시 Q2. 금난전권

1. 조선 후기 농작물의 수확이 늘고 상품 작물의 재배가 활발해지며 천여 개가 넘는 장시가 생겨났습니다.
2. 금난전권은 시전 상인들이 난전에서 장사를 금지할 수 있는 권리였습니다. 정조 때 육의전을 뺀 물건에 대한 금난전권이 없어지며 누구나 자유롭게 물건을 팔 수 있게 되었습니다.

역사쏙쏙 48~49쪽

1. (3) ○ 2. 송상 3. ③

1. 제시된 그림 속 상인은 보부상입니다. 보부상은 닷새마다 열리는 지방의 장시를 돌면서 농촌에서 구하기 힘든 물건들을 가져다 팔았습니다.
   (1), (2)는 시전 상인에 대한 설명입니다.
2. 제시된 내용은 만상과 내상을 이어 주는 거래를 하며 큰돈을 벌었던 송상에 대한 설명입니다. 의주의 만상은 청, 동래의 내상은 일본과 무역을 하였고 한양의 경강상인은 대동미와 소금을 운반하였습니다.
3. 제시된 포스터의 '봇짐장수와 등짐장수를 아울러 일컫는 말'이라는 내용을 통해 (가)가 보부상임을 알 수 있습니다.

07 조선 사람들은 어떤 생활용품을 사용했나요?

반짝퀴즈 51, 53쪽

Q1. 청화 백자 Q2. 수공업

1. 백자 가운데 흰 바탕에 푸른 물감으로 그림을 그린 도자기를 청화 백자라고 부릅니다.
2. 조선 초기에 수공업자들은 관청에 속해 일을 해야 했습니다. 그러다가 조선 후기에 대동법이 실시되며 수공업자들이 자유롭게 물건을 만들어 팔 수 있는 길이 열렸습니다.

역사쏙쏙 54~55쪽

1. (1) ② (2) ③ (3) ① 2. (3) ○ 3. ⑤

1. (1)은 옹기, (2)는 조각보, (3)은 떡살로, 모두 조선 시대 사람들이 사용했던 생활용품입니다.
2. (1)과 (2)는 조선 초기 수공업자들에 대한 설명입니다.
3. 조선 후기에는 백자를 만드는 기술이 더욱 발전하여 흰 바탕에 푸른 물감으로 그림을 그린 청화 백자가 등장하였습니다.

08 신분 제도는 어떻게 바뀌었나요?

반짝퀴즈 57, 59쪽

Q1. 공명첩 Q2. 중인

1. 임진왜란 이후 나라의 살림살이가 어려워지자 나라에서는 곡식이나 돈을 바치는 사람들에게 이름을 비워 둔 관직 임명장인 공명첩을 주었습니다.
2. 중인은 양반과 평민 사이에 있는 신분으로, 서얼, 의관, 역관, 향리 등이 여기에 속했습니다.

역사쏙쏙 60~61쪽

1. 양반 2. ③ 3. 중인

1. 제시된 그래프에서 시간이 지날수록 크기가 커진 것은 분홍색으로 표시된 양반입니다. 조선 후기에는 공명첩을 비롯해 양반이 되기 위한 다양한 방법이 생겨나며 양반의 수가 크게 늘었습니다.
2. 조선 시대 여성의 지위는 성리학의 영향으로 후기로 갈수록 낮아졌습니다.
3. 조선 시대에 역관, 화원, 의관처럼 전문적인 지식을 가진 직업을 가졌던 신분은 중인입니다.

09 조선 후기에는 어떤 그림이 유행했나요?

반짝퀴즈 63, 65쪽

Q1. 정선 Q2. 풍속화

1. 정선은 인왕산에 올라 경치를 살펴보고 진경산수화인 「인왕제색도」를 그렸습니다. 진경산수화는 우리나라의 실제 산과 강을 보고 그대로 그린 그림입니다.
2. 서민이 살아가는 생활 모습을 그린 그림을 풍속화라고 합니다. 조선 후기의 유명한 풍속 화가로는 김홍도와 신윤복이 있습니다.

역사쏙쏙 66~67쪽

1. ② 2. (1) ② (2) ① 3. ④

1. 조선 후기 경제적으로 여유가 생긴 서민은 예술에도 관심을 기울였습니다. 그중 일부는 그림 그리기를 직업으로 삼기도 했는데 이들이 그린 '민화'는 서민에게 큰 사랑을 받았습니다.
   ②는 풍속화에 대한 내용입니다.
2. (1) 우리나라의 실제 산과 강을 보고 그대로 그린 그림은 진경산수화이고, (2) 서민들이 살아가는 생활 모습을 그린 그림은 풍속화입니다.
3. 초대장의 내용 중 '조선 후기 서민의 생활 모습'이라는 내용과 오른쪽의 「씨름」 그림을 통해 (가)에 들어갈 화가가 김홍도임을 알 수 있습니다.

10 서민은 어떤 책과 놀이를 즐겼나요?

반짝퀴즈 69, 71쪽

Q1. 한글 소설 Q2. 탈

1. 조선 후기 한글을 깨친 백성 사이에서 『춘향전』, 『홍길동전』과 같은 한글 소설이 널리 퍼졌습니다.
2. 탈을 쓰고 하는 탈놀이는 양반과 승려를 비꼬거나 서민의 어려운 생활을 드러내는 내용이 많았습니다.

역사쏙쏙 72~73쪽

1. ② 2. 탈놀이 3. 판소리

1. 제시된 그림은 전기수가 한글 소설을 읽어 주는 장면입니다. 전기수는 전문적인 이야기꾼으로, 돈을 받고 책을 읽어 주었습니다.
2. 제시된 내용은 탈놀이에 대한 설명입니다. 봉산 탈춤, 강령 탈춤, 하회 별신굿 탈놀이 등이 오늘날까지 전해지고 있습니다.
3. 소리꾼과 고수, 관중이 함께 즐기는 공연은 판소리입니다. 열두 마당이었던 판소리는 오늘날 〈춘향가〉, 〈심청가〉, 〈흥부가〉, 〈적벽가〉, 〈수궁가〉의 다섯 마당만 전해지고 있습니다.

PART 3 세도 정치와 흥선 대원군의 개혁

11 세도 정치는 어떻게 시작되었나요?

반짝퀴즈 77, 79쪽

Q1. 김조순 Q2. 철종

1. 세도 정치 시기에 순조의 장인인 김조순이 부정부패를 일삼으며 백성의 삶은 더욱 어려워졌습니다.
2. 헌종이 일찍 죽자 안동 김씨 세력은 강화도에서 농사를 짓던 왕족 이원범에게 왕위를 잇게 하고 자신들의 권력을 계속 이어 갔습니다.

역사쏙쏙 80~81쪽

1. 세도 정치 2. (3) ○ 3. ①

1. 왕실과 혼인 관계를 맺은 가문들이 나랏일을 독점하는 정치를 세도 정치라고 합니다.
2. 순조 때부터 철종 때까지 안동 김씨와 풍양 조씨가 왕실과 혼인을 통해 권력을 잡고 휘두르는 세도 정치가 문제가 되었습니다. 이때 세도 가문에 뇌물을 바치고 벼슬을 얻은 관리들은 자신이 쓴 돈을 메우기 위해 백성에게 가혹하게 세금을 거두었습니다.
3. 두 선비는 세도 정치 시기의 문제점에 대해 대화를 나누고 있습니다.

12 세도 정치 시기 백성은 어떤 고통을 겪었나요?

반짝퀴즈 83, 85쪽

Q1. 삼정 Q2. 환곡

1. 전정, 군정, 환곡을 삼정이라고 합니다. 전정은 땅에 매기는 세금, 군정은 군역의 의무 대신 내는 세금, 환곡은 나라로부터 빌린 곡식에 이자를 붙여 돌려주는 것입니다.
2. 탐관오리들은 필요하지 않은 사람에게 곡식을 강제로 빌리게 하거나 백성에게 겨와 모래를 섞은 곡식을 빌려준 후 더 많이 돌려받았습니다.

역사쏙쏙 86~87쪽

1. (1) ③ (2) ① (3) ② 2. 군정 3. ③

1. 조선 후기에는 나라 살림의 바탕이 되는 세금 제도인 전정, 군정, 환곡의 질서가 무너져 백성이 고통을 받았습니다. 이를 삼정의 문란이라고 합니다.
2. 삼대의 이름이 군적에 있다는 내용을 통해 군정 때문에 힘든 현실을 표현한 시임을 알 수 있습니다.
3. 두 여인의 대화 중 굶주리는 백성을 돕기 위한 제도라는 말을 통해 '환곡'에 대한 내용임을 알 수 있습니다.

13 세도 정치 시기 농민들은 어떻게 저항했나요?

반짝퀴즈 89, 91쪽

Q1. 홍경래 Q2. 진주

1. 세도 정치 시기 평안도의 몰락 양반이었던 홍경래는 평안도 지역에 대한 차별과 무거운 세금을 바로잡기 위해 난을 일으켰습니다.
2. 진주 농민 봉기를 계기로 전국에서 백성이 들고일어나자 나라에서는 세금 제도를 고치겠다고 약속했지만 지켜지지 않았습니다.

역사 쏙쏙 92~93쪽

1. ④ 2. ⑤ 3. ④

1. 지도에 나타난 홍경래의 난은 평안도 지역에 대한 차별과 무거운 세금이 원인이 되어 일어났습니다.
2. 이전까지 백성은 나라나 관리가 잘못을 해도 참아야만 한다고 생각했습니다. 홍경래의 난은 이러한 백성에게 불의에 맞설 수 있는 자신감을 심어 주었습니다.
3. 진주 농민 봉기는 뇌물을 바치고 관리가 된 백낙신의 부정부패에 저항하여 일어난 사건이었습니다.

14 천주교와 동학은 어떻게 백성에게 퍼졌나요?

반짝퀴즈 95, 97쪽

Q1. 천주교 Q2. 최제우

1. 중국에서 우리나라에 처음 전해진 천주교는 학자들 사이에서 학문으로 연구되다가 점차 백성 사이에 널리 퍼졌습니다.
2. 조선 후기 최제우가 창시한 동학은 인내천 사상과 후천개벽 사상을 바탕으로 하였습니다.

역사 쏙쏙 98~99쪽

1. (가), (나), (다) 2. ①, ③ 3. 동학

1. 천주교는 처음에 『천주실의』라는 책을 통해 학자들에게 학문으로 연구되었습니다. 그 뒤 청에서 세례를 받고 돌아온 이승훈이 천주교를 전파하자 백성 사이에 신앙으로 널리 퍼졌습니다.
2. 천주교와 동학은 인간은 모두 평등하다는 생각을 가지고 있었습니다. 당시 신분 사회였던 조선에서는 이 두 종교가 사악한 것이라고 하여 금지했습니다.
3. 학생들의 대화 내용 중 '최제우'와 '사람을 하늘처럼 섬기라고 가르쳤다'는 내용을 통해 밑줄 친 종교가 동학임을 알 수 있습니다.

15 흥선 대원군은 어떤 일을 했나요?

반짝퀴즈 101, 103쪽

Q1. 서원 Q2. 당백전

1. 조선 후기에 서원이 백성을 괴롭히는 등 문제가 많아지자 흥선 대원군은 전국의 서원 중 47곳만 남기고 모두 정리하였습니다.
2. 흥선 대원군은 무너진 왕실의 권위를 세우기 위해 당백전을 발행하여 경복궁을 다시 고쳐 지었습니다.

역사 쏙쏙 104~105쪽

1. ⑤ 2. 경복궁 3. ①, ③

1. 흥선 대원군이 서원을 정리한 까닭은 서원이 본래의 목적을 잊고 재산을 쌓거나 백성을 괴롭히는 등 문제가 많았기 때문입니다.
2. 경복궁은 임진왜란 때 불에 타 소실되었습니다. 흥선 대원군은 왕실의 권위를 세우려고 경복궁을 다시 고쳐 지었습니다.
3. 흥선 대원군 때 실시한 호포제로 인해 양반도 세금을 내게 되었습니다. 또 고을마다 곡식 창고를 두고 각 고을에서 이를 운영하는 사창제를 통해 환곡의 폐단을 바로잡았습니다.

PART 4 외세의 침입과 조선 사회의 변동

16 병인양요와 신미양요는 어떻게 일어났나요?

반짝퀴즈 109, 111쪽

Q1. 병인양요 Q2. 척화비

1. 병인박해 이후 프랑스가 선교사의 죽음을 구실로 쳐들어오자 조정에서는 양헌수가 이끄는 부대를 보내 정족산성에서 큰 승리를 거두었습니다.
2. 두 번의 서양 세력의 침입을 겪은 흥선 대원군은 척화비를 세워 통상 수교 거부 정책을 강화했습니다.

역사쏙쏙 112~113쪽

1. (1) 프랑스 (2) 미국 2. ⑤ 3. ①

1. 병인양요는 프랑스가, 신미양요는 미국이 조선을 침략한 사건입니다. 두 사건 모두 서양 세력이 조선에 통상을 요구하기 위하여 일으킨 전쟁이라는 공통점이 있습니다.
2. '화해를 주장하는 것은 나라를 팔아먹는 것'이라는 내용을 통해 사진 속 비석이 흥선 대원군이 세운 척화비임을 알 수 있습니다.
3. 프랑스군이 강화도를 침략하여 『의궤』를 약탈해 간 사건은 병인양요입니다.

17 조선은 어떻게 개항했나요?

반짝퀴즈 115, 117쪽

Q1. 운요호 Q2. 강화도

1. 일본은 강화도를 침범한 운요호를 조선이 공격한 운요호 사건을 구실로 조선에 통상을 요구했습니다.
2. 강화도 조약에는 일본에 유리한 내용이 많이 담겨 있었고 조선의 권리는 나타나 있지 않았습니다.

역사쏙쏙 118~119쪽

1. ③ 2. (1) ○ (2) ○ 3. (가), (다), (나)

1. 조선군이 강화도 앞바다를 함부로 침범한 일본 군함을 공격한 사건은 운요호 사건입니다. 운요호는 다음 날 영종도에 내려 많은 조선인을 죽인 후에야 자기네 나라로 돌아갔습니다.
2. 강화도 조약의 체결로 조선은 부산, 원산, 인천의 3개 항구를 열게 되었습니다.
3. (가) 서양 세력들이 병인양요와 신미양요를 일으키자 (다) 흥선 대원군은 전국에 척화비를 세워 서양 세력과의 통상을 거부하는 정책을 폈습니다. (나) 이후 일본은 운요호 사건을 빌미로 조선을 무력으로 위협하여 강화도 조약을 맺게 되었습니다.

18 임오군란이 일어난 까닭은 무엇인가요?

반짝퀴즈 121, 123쪽

Q1. 위정척사 Q2. 임오군란

1. 개화를 주장하던 사람들에 맞서 개화에 반대하는 운동을 펼친 사람들은 위정척사파입니다.
2. 나라에서 신식 군대 별기군과 구식 군인들을 차별하자 구식 군인들이 임오군란을 일으켰습니다.

역사 쏙쏙 124~125쪽

1. ③ 2. ③ 3. ④

1. 위정척사파는 개화를 하면 조선의 전통 질서가 무너질 것이라고 생각하여 여기에 반대했습니다.
④, ⑤는 개화에 찬성하던 사람들에 대한 내용입니다.
2. 개항 이후 조정에서 만든 신식 군대의 이름은 별기군입니다. 구식 군인에 비해 좋은 대우를 받았습니다.
3. 별기군과 구식 군대의 차별이 원인이 되어 일어난 반란은 임오군란입니다. 난을 진압하는 과정에 청이 개입했는데 조선은 이후 청의 간섭을 받게 되었습니다.

19 갑신정변이 실패한 원인은 무엇인가요?

반짝퀴즈 127, 129쪽

Q1. 일본 Q2. 갑신정변

1. 임오군란 이후 청이 조선의 정치에 깊숙이 간섭하자 급진 개화파는 청의 간섭을 물리치고 일본의 도움을 받아 하루빨리 개화할 것을 주장했습니다.
2. 급진 개화파들은 일본의 지원을 받아 갑신정변을 일으켰으나 준비 부족과 청의 개입으로 3일 만에 실패했습니다.

역사 쏙쏙 130~131쪽

1. (1) ② (2) ① 2. ⑤ 3. ③

1. 온건 개화파의 대표적 인물은 김홍집이고, 급진 개화파의 대표적 인물은 김옥균입니다.
2. 급진 개화파는 갑신정변을 통해 청의 간섭에서 벗어나 조선을 개화하고자 했습니다.
3. 제시된 내용은 갑신정변에 대한 내용입니다. 우정총국 개국 축하 잔치 때 급진 개화파는 갑신정변을 일으켰습니다.

20 동학 농민 운동과 갑오개혁은 어떻게 일어났나요?

반짝퀴즈 133, 135쪽

Q1. 전봉준 Q2. 갑오개혁

1. 전봉준은 고부 군수 조병갑의 횡포에 맞서 뜻을 같이하는 사람들과 함께 동학 농민 운동을 일으켰습니다.
2. 동학 농민군이 물러날 무렵 조정에서는 정치, 사회, 문화의 각 분야에서 근대적인 개혁을 했는데, 이를 갑오개혁이라고 합니다. 갑오개혁으로 신분제와 연좌제 등의 악습이 폐지되었습니다.

역사 쏙쏙 136~137쪽

1. ②, ④ 2. (2) ○ 3. ④

1. 동학 농민군은 탐관오리와 못된 양반이 없는 백성이 살기 좋은 세상을 꿈꾸었습니다.
2. 갑오개혁으로 (1) 과부의 재혼이 허용되었고 (3) 조혼은 금지되었습니다.
3. 고부에서 시작된 동학 농민 운동은 빠르게 전라도 일대로 세력을 확장했습니다. 그러다가 일본과 청이 진압에 개입하자 농민군은 개혁안을 약속받고 스스로 흩어졌습니다. 이후 일본이 조선의 정치에 간섭하자 다시 봉기했으나 공주 우금치 전투에서 크게 패하면서 실패로 끝났습니다.

와우~
5권을 모두 끝냈네요!
6권에서 다시 만나요!

NE 능률

'3회독 학습법'으로 문해력의 기본을 다지다!

교재구성 미리 보기

시리즈 구성

1~2학년	3~4학년	5~6학년
1단계	3단계Ⓐ	5단계Ⓐ
2단계	3단계Ⓑ	5단계Ⓑ
	4단계Ⓐ	6단계Ⓐ
	4단계Ⓑ	6단계Ⓑ

1 국어 교과 개념으로 문해력의 기본을 다져요.

국어 교과서의 개념을 문해력 전략으로 확장!
글을 이루는 기본 단위부터 글을 정교하게 읽는 방법까지!

2 3회독 훈련을 통해 '글 읽기 방법'을 익혀요.

글의 내용을 파악하며 읽고, 다시 한번 꼼꼼하게 읽고
자신의 글 읽기 방법을 되돌아보는 3회독 훈련!

3 단계별 읽기 후 생각 쓰기 활동으로 마무리해요.

내용 이해 → 개념 적용 → 추론·비판의 단계별 읽기와
이해한 내용을 바탕으로 자신의 생각 쓰기까지!

NE 능률

계산력이 탄탄하다는 건
수학이 쉬워진다는 것

시리즈 구성

1학년	1-1	1-2
2학년	2-1	2-2
3학년	3-1	3-2
4학년	4-1	4-2
5학년	5-1	5-2
6학년	6-1	6-2

1 현직 교사가 만들다

학교 선생님의 노하우가 담긴 연산 원리 학습법으로
수학이 쉬워지는 수해력의 첫걸음을 내딛게 만듭니다.

2 수학 공부 습관을 만들다

하루 2쪽씩 알차게 학습하여
꾸준한 수학 공부 습관을 만듭니다.

3 탄탄한 계산력을 만들다

단계별 학습 후 최종 계산력 평가를 함으로써
빈틈없는 수학 기초 체력을 만듭니다.

교재구성 미리보기